www.tredition.de

AF202354

Judith Nürnberger

SCHWARZE SCHMETTERLINGE IN MEINEM KOPF

Mein langer Weg
aus der Depression

www.tredition.de

© 2018 Judith Nürnberger
Umschlaggestaltung: Matthias Hohmann, G-stalterei
Verlag und Druck: tredition GmbH, Hamburg

ISBN
Paperback: 978-3-7469-8059-1
Hardcover: 978-3-7469-8060-7
e-Book: 978-3-7469-8061-4

INHALTSVERZEICHNIS

Vorwort

Im Jahr 1957 in Dresden zur Welt gekommen verbrachte ich gemeinsam mit meinen zwei Brüdern eine unbeschwerte Kindheit. Nach der Schule studierte ich Lebensmittelindustrie und arbeitete einige Jahre in einer Brauerei als Schichtingenieur. Recht bald wurde mir klar, dass das nicht gerade mein Traumberuf ist und so versuchte ich, nach der Geburt meiner Tochter Nora im Jahr 1982, den Sprung in einen ganz anderen Job. Ich landete in der Geschäftsstelle eines großen Sportvereins und war für die Finanzen zuständig. Seit dieser Zeit lebe ich bis heute in meiner Heimatstadt Dresden. Ich liebe das Dresdner Umland ebenso wie das immense Angebot kultureller Einrichtungen in der sächsischen Landeshauptstadt.

Mein Leben in den letzten Jahren der DDR verlief in ruhigen Bahnen. Die Arbeit im Verein und später im Einkauf eines Labormöbelherstellers gefiel mir und meinen Hobbys Lesen, Kino, Wandern und Tischtennis konnte ich, auch dank der Unterstützung meiner Eltern, ausgiebig frönen.

Im Wendejahr heiratete ich Michael, den ich 1988 kennengelernt hatte, und ein Jahr später kam Nadja zur Welt. Die ersten Jahre in der „sozialen Marktwirtschaft" stellten für Michael und mich eine große Herausforderung dar. Anfangs waren wir beide arbeitslos. Später fand ich bei einem Baustoffhändler Arbeit und Michael machte sich als EDV-Berater selbstständig. Das Auf und Ab seiner Selbstständigkeit strapazierte gelegentlich unser Familienbudget, schweißte uns aber enger zusammen.

Nachdem die Dresdner Filiale des Baustoffhändlers geschlossen wurde war ich erneut arbeitslos. Trotz zweier Fortbildungen und vieler Bewerbungen fand ich keine Arbeit. Die Lage war einfach nur frustrierend. Ich zweifelte mehr und mehr an meinen Fähigkeiten und jünger wurde ich ja auch nicht. Im Frühjahr des Jahres 2000 bekam ich einen Antrag auf Arbeitslosenhilfe zugeschickt. Und diese vielen Fragen wollte ich einfach nicht beantworten! Die Idee, mich auch selbstständig zu machen, festigte sich. Und das, obwohl ich bisher immer sagte, ich sei die geborene Arbeitnehmerin.

Eine Firma bei der ich im Rahmen einer Fortbildungsmaßnahme ein Praktikum absolviert hatte, zeigte Interesse an einer Zusammenarbeit auf Honorarbasis. Diese Werbeagentur wurde mein erster Kunde. Und viele Jahre später war sie auch mein letzter Kunde.

Ich wagte also den Sprung ins kalte Wasser. In den zehn Jahren meiner Selbstständigkeit als Bürodienstleisterin gab es gute und schlechte Zeiten. Wochen in denen ich an mein Limit gehen musste wechselten sich mit vorübergehender

Flaute ab. Fast ausschließlich war ich in den Räumen meiner Kunden tätig und jeder neue Kunde bedeutete eine neue Herausforderung. Und diese Herausforderungen konnte ich annehmen. Auf den PCs die ich nutzte, befand sich außer einem Officepaket immer auch Branchensoftware, in die ich mich einarbeiten musste. Die Vielfalt der Branchen und Aufgaben verhalf mir zu reichlich Abwechslung, so dass es nie langweilig wurde. Bei einem Ladeneinrichter war ich für die komplette Auftragsabwicklung zuständig, in einer Werbeagentur für die laufende Buchhaltung. Beim Internethändler schrieb ich nur Rechnungen und verwaltete die offenen Posten, für einen Weiterbildungsträger erfasste ich Teilnehmerdaten und Abrechnungsbelege. Absolute Loyalität, Zuverlässigkeit und Fleiß waren für mich selbstverständlich und alle Kunden schätzten mein freundliches, zuvorkommendes Auftreten. Kurz zusammengefasst: Ich schaffte damals den Spagat zwischen Haushalt, Beruf und Familie. Wäre mir nicht eine schwere Krankheit in die Quere gekommen würde ich vielleicht noch heute Chefs, die sich um ihr Tagesgeschäft kümmern müssen, den Rücken frei halten und die „leidige" Büroarbeit, die ich so gern erledige, tun.

Einleitung

Jeder hat schon von Depressionen gehört. Auch ich. Doch diese Krankheit ereilt ja nur Prominente, die mit schwindendem Interesse der Öffentlichkeit nicht zurechtkommen. Oder Manager, die sich exzessiv in ihre Arbeit stürzen. Auch von Sportlern, die wegen einer Depression ihre Karriere unterbrechen oder gar beenden mussten, hatte ich gehört. Als ich aber kurz vor der Jahrtausendwende die Diagnose Depression erhielt, verstand ich die Welt nicht mehr. Zunächst war ich froh, dass meine auffälligen Schwierigkeiten im Alltag endlich einen Namen bekamen, aber dass ich mit einer psychischen Krankheit kämpfte, versetzte mich doch in Angst. Sofort schossen mir verschiedenste Geistesblitze durch den Kopf. Der Film „Einer flog übers Kuckucksnest" mit Jack Nicholson zum Beispiel oder spöttische Bemerkungen über Insassen geschlossener Anstalten. Jack Nicholson als McMurphy täuschte eine psychiatrische Krankheit vor, um auf elegantem Weg einer Gefängnisstrafe zu entkommen. Was er allerdings später erlebte, war kaum angenehmer als das Absitzen einer Strafe im Gefängnis.
Depression betrifft doch immer nur andere. Dachte ich. Dass dem keineswegs so ist habe ich in den letzten Jahren erfahren müssen. Ich bewältigte vier stationäre und einen teilstationären

Aufenthalt in Psychiatrischen Kliniken. In zwei ambulanten Verhaltenstherapien lernte ich viel über mich selbst und versuche seitdem besser für mich zu sorgen. Der medizinischen Rehabilitation folgten eine Nachsorge als Gruppentherapie sowie eine berufliche Reha. Und 2012 hat ein Arzt endlich das für mich passende Medikament aus dem Ärmel gezaubert.

Ein wichtiger Satz ist mir in all diesen Jahren im Gedächtnis geblieben: „Schreiben sie nie in der Depression über die Depression.". Von welchem Psychiater, Psychologen oder Psychotherapeuten der Satz stammt, kann ich nicht mehr sagen. Es waren einfach zu viele, fast ausnahmslos gute, professionelle Ärzte und Therapeuten, die mich ein Stück meines langen steinigen Weges begleiteten, so dass ich heute sagen kann: „Ich schreibe nach der Depression über die Depression."

1999

Im Herbst dieses Jahres war ich in einem Zustand, in dem mir alles einerlei war. Ich hatte mich vollkommen zurückgezogen und wollte nur noch meine Ruhe haben. Apathisch saß ich auf der Couch und war nahezu handlungsunfähig, konnte kaum noch den alltäglichen Pflichten nachgehen. Niemand fand Zugang zu mir und sobald mich jemand fragte wie es mir gehe, fing ich an zu weinen.

Doch nicht nur seelische Probleme beeinträchtigten mein Leben, auch die körperliche Leistungsfähigkeit hatte sich auf ein Minimum reduziert. Bedingt durch mangelnden Appetit hatte ich innerhalb von sechs Monaten acht Kilogramm Gewicht verloren. Sämtliches Essen musste ich in mich hineinzwingen. Früh ein Keks, abends eine halbe Scheibe Brot reichten für den ganzen Tag. Beim gemeinsamen Abendbrot ließ ich mir viel Zeit, damit weder Michael noch Nadja merkten, wie wenig ich zu mir nahm. Die Folge war eine erhebliche Schwäche, die mich zusätzlich zu meiner Antriebslosigkeit belastete.

Ende September ging ich auf Michaels Drängen hin endlich zum Arzt. Bei einem späteren Gespräch mit meiner Hausärztin erzählte sie mir, dass sie an meinem versteinerten Gesichtsausdruck, meinem abwesenden Blick, meiner Zerstreutheit sofort eine Depression erkannte. Als ich bei ihrer ersten Frage so anfing zu weinen, dass ich kaum noch in der Lage war zu sprechen, nahm sie einen Überweisungsschein zur Hand und schickte mich zum Psychiater. Ich nahm das alles kaum zur Kenntnis, ging einfach im Ärztehaus ein Stockwerk höher und meldete mich beim Psychiater an. Noch immer wusste ich nicht, was mit mir los war.

Bis zum Termin beim Psychiater quälte ich mich weiter wie bisher, zeigte völliges Desinteresse, weinte viel, aß wenig und legte ein Verhalten an den Tag, das sich niemand aus meinem Umfeld erklären konnte. Selbst ich nicht.

Mitte Oktober saß ich beim Psychiater und schluchzend versuchte ich meine Sorgen und Befindlichkeiten zu erklären. Als erfahrener Arzt stellte er sofort die Diagnose: mittelschwere bis schwere Depression. Jetzt hatte meine Krankheit zwar einen Namen, doch ich wusste trotzdem nicht, wie es weitergehen sollte. Ich bekam ein Antidepressivum verordnet und sollte jeglichen Stress vermeiden, viel schlafen und vor allem ausgedehnte Spaziergänge bei Tageslicht unternehmen. Die Tage vergingen, aber mir ging es immer schlechter. Anfang November war ich bereit, mich stationär weiter behandeln zu lassen. Am 11.11.1999 begann mein erster Aufenthalt in einer Psychiatrie. Michael erledigte in der Anmeldung alle notwendigen Formalitäten. Ich wäre dazu gar nicht in der Lage gewesen und saß während dieser Zeit vor der Tür und hatte einen guten Blick auf zwei geschwungene Treppen, die in den ersten Stock führten. Patienten, Ärzte, Schwestern und Pfleger waren treppauf und treppab unterwegs. Irgendwie dachte ich, ich sei im falschen Film. Hier gehörte ich nicht hin. Der Film „Einer flog übers Kuckucksnest" kam mir in den Sinn. Aber wer, wenn nicht Psychiater, könnten mir überhaupt helfen? Ich musste also hierbleiben! Noch ahnte ich nicht, dass auch ich bald an der Tür zum Schwesternzimmer nach Tabletten anstehen würde und dass die Tränen auch weiterhin oft fließen sollten.

Mein erster Aufenthalt in der Psychiatrie dauerte sechs Wochen. In den ersten Tagen erhielt ich über den Tropf ein Antidepressivum und spontan ging es mir besser. Ich interessierte mich für meine Mitpatienten, nahm problemlos die Mahlzeiten zu mir, ging freiwillig mehrmals am Tag in den Klinikpark und drehte meine Runden. Also ist es tatsächlich nur eine Stoffwechselstörung im Gehirn, dachte ich mir. Die Botenstoffe tun nicht das, was sie sollen. Und wenn man ihnen auf die Sprünge hilft wird alles gut. Anschließend wurde ich auf das gleiche Medikament in Tablettenform umgestellt. Die Dosierung war allerdings etwas zu hoch. Ich dachte zum ersten Mal in meinem Leben, ich würde den Verstand verlieren. Die Überdosierung bescherte mir unfassbare Nebenwirkungen: Ich war einige

Tage nicht in der Lage zu lesen oder zu schreiben. Die Mundtrockenheit hatte sich gegenüber der Gabe des Medikamentes über den Tropf vervielfacht und das Zittern der Hände war extrem. Beim Frühstück musste ich mit beiden Händen meine Kaffeetasse halten, damit mir meine Tischnachbarin mit genauso zitternden Händen einschenken konnte. Ohne Fußbad auf der Untertasse ging´s nie aus.

Die Dosierung des Antidepressivums wurde verringert und sofort verschwanden die dramatischen Nebenwirkungen. Stimmung und Antrieb, zwei Worte die mich mein ganzes weiteres Leben begleiten würden, landeten auf einem erträglichen Level.

Nach meiner Entlassung kurz vor Weihnachten fühlte ich mich wie neu geboren und entsprechend selbstbewusst trat ich im Januar 2000 beim Psychiater auf. Seine Empfehlung, das seit vielen Jahren erfolgreich eingesetzte Lithium zur Rückfallprophylaxe einzunehmen, schlug ich aus. Sollte sich erneut eine Depression ankündigen hätte ich ja bereits Erfahrungen gesammelt und würde Frühwarnzeichen erkennen. Ich befolgte seine Ratschläge vom letzten Herbst und schlief viel, bewegte mich so oft es ging im Freien, begann zu joggen. Und vor allem konnte ich wieder arbeiten.

2007

In den letzten Jahren nahm ich kein einziges Anzeichen einer entstehenden Depression wahr. Ich fühlte mich gut und war mir sicher, dass 1999 eine einmalige Episode bleiben würde. Letztes Jahr habe ich einen Verlag gegründet, weil bei den Bürodienstleistungen eine kleine Flaute herrschte. Die neue Herausforderung tat mir gut. Immerhin hatte ich vor einigen Jahren an einer Umschulung namens „Anpassungsmaßnahme für Druck und Medienberufe" teilgenommen. Ich konnte also zumindest auf theoretisches Wissen zurückgreifen. Gemeinsam mit Peter Fischer, einem Heimathistoriker aus Dresden-Cotta, und Michael als „Berater" habe ich an einem Freitag-Nachmittag im März letzten Jahres bei Kaffee und Kuchen beschlossen, einen kleinen Verlag zu gründen. Alle zwei Monate erschien nun ein Stadtteilmagazin für den Dresdner Südosten. Mit meinem Redakteur Peter Fischer habe ich über Inhalte diskutiert, über Groß- und Kleinschreibung gestritten, Titelfotos für gut oder schlecht befunden und nach Erscheinen des aktuellen Heftes haben wir uns per Telefon oder Mail virtuell gegenseitig auf die Schulter geklopft.
Trotz dieser wirklich interessanten Verlagsgeschichte und zufriedener Bürodienstleistungskunden spürte ich ab Mai 2007 eine zunehmende Schwäche und allgemeines Unwohlsein. Ich war

mental nicht in der Lage, meine Laufschuhe anzuziehen und zuzuschnüren. Es ging nicht. „Vielleicht leide ich an irgendeinem Mangel von Spurenelementen?" fragte ich mich und ließ mir bei meiner Hausärztin einen Termin für einen Gesundheitscheck geben. Während ich die Schwester durchs Telefon blättern und blättern hörte, war mir klar: das kann dauern. Ihr Vorschlag war der 22. November. Ich sagte zu. Meine Devise war nun, mich bis zum Urlaub im August hinzuretten. Tag für Tag quälte ich mich aus dem Bett, ins Büro, zu meinen Kunden und anschließend nach Hause, um die notwendigsten Hausarbeiten zu erledigen. Alles dauerte so unglaublich lange. Und strengte so unglaublich an. Einfachste Tätigkeiten sowohl bei der Arbeit als auch zu Hause ermüdeten mich schnell.

Im August konnte ich endlich für den Urlaub in den Alpen die Sachen packen. Angesichts meiner anhaltenden Schwäche, häufiger Kopfschmerzen und weicher Knie wusste ich zwar nicht, wie ich es schaffen sollte, Berge hoch und runter zu wandern, aber der Tapetenwechsel wird mir gut tun, dachte ich. Die fehlende Vorfreude wird sich hoffentlich spätestens im Auto einstellen. Das Packen des Reisegepäcks kostete mich viel Kraft und auch Zeit. Zum Glück verstaute Michael wie immer seine Kleidung und diverse Utensilien selbst in seiner Reisetasche. Trotz Zettel lief ich unorganisiert durch die

Wohnung, um den Rest zusammenzusuchen. Nach Stunden war ich fertig. Doch immer wieder sprang ich auf, weil ich etwas vergessen hatte, dicke Socken für die Wanderschuhe, Taschentücher, Adressbuch und so weiter.

Michael sah mir am Morgen der Abreise an, wie matt ich mich fühlte. Auf seine Nachfrage antwortete ich wie häufig „Das wird schon." Diese Floskel sollte mich in den nächsten Monaten ebenso begleiten wie die Antwort „Es geht so." auf die Frage „Wie geht's dir?" Hinter diesen nichts sagenden Sätzen konnte ich mich verbergen und weiteren Nachfragen ausweichen.

Der Anblick der traumhaften Schweizer Berge verhalf mir zu einer gewissen Lockerheit. Ich plauschte mit Michael über vergangene Urlaube, ließ mir seine Pläne für den diesjährigen Urlaub erzählen und beschäftige mich als geübte Beifahrerin mit dem Dorfplan für die Anfahrt zum Quartier.

Nun konnte er also beginnen, der langersehnte Urlaub. Ich versuchte alle Sorgen und Probleme hinter mir zu lassen. Michael hatte zu Hause bereits ein umfangreiches Programm vorbereitet. Stadtbesichtigungen, Museums- und Kirchenbesuche und Wanderungen verschiedenster Anforderungen und Längen. Wie immer planten wir abends das Programm für den folgenden Tag. Da ich mich erstaunlicherweise abends besser fühlte als morgens war ich für alle Vorschläge offen.

Selbst anstrengende Wanderungen schreckten mich nicht ab. Ganz anders sah es dann beim Frühstück aus. Niedergeschlagen und apathisch saß ich am Tisch und fühlte mich einfach nur elend. Vom Morgentief als klassischem Symptom bei Depressionen hatte ich noch nie gehört.

Während des Urlaubs gelang es mir, die im Herbst anstehenden Herausforderungen zu verdrängen. Erst am Vorabend des Abreisetages kam die bekannte Angst hoch. Ich glaubte niemand kann verstehen, wie mir zumute ist, wie hoffnungslos ich in die Zukunft blicke, wie wenig mich selbst das Leben meiner eigenen Familie interessierte. Michael versuchte mich zu beruhigen. Er war der Meinung, dass die Herausforderungen der nächsten Zeit meinen Ehrgeiz beflügeln und zu einer Verbesserung meines Gesundheitszustandes führen würden.

Er schreibt über diese Zeit: *Im Jahr 2007 klagt Judith häufig über Kopfschmerzen. Gelegentlich schiebt sie das auf die Zähne oder auf die immer wieder auftretende Migräne. Einziges Gegenmittel sind Schmerztabletten. Ich glaube Untersuchungen dazu gab es, aber eben ohne Befund.*

Im Dezember 2007 spitzte sich die Situation zu. Bei ihren Kunden machte Judith gravierende Fehler und die Herausgabe einer Broschüre über einen Dresdner Stadtteil verschlang im Büro viel Zeit. Sie benötigte für einfache Tätigkeiten bedeutend mehr Zeit als früher. Ich vermute

Judith hat sich mit dem Verlag doch ziemlich übernommen. Nun zeigen sich erneut Gesundheitsprobleme, wie schon vor acht Jahren."

Der Befund meines Gesundheitschecks war unauffällig. Ich war quasi kerngesund. Psychische Probleme können eben weder durch ein Blutbild noch durch CT oder MRT sichtbar gemacht werden.

Das Jahr 2007 ging ohne Termin bei einem Psychiater einfach so zu Ende.

2008

Auf der Suche nach einem Nervenarzt bekam ich Ende letzten Jahres immerhin heraus, dass ein Arzt des Elisabeth-Krankenhauses im Januar eine eigene Praxis eröffnen wird. So erhielt ich schon für Mitte Januar einen Termin beim Neurologen Dr. Kugler. Ich weinte ohne Unterlass als er mit seinem kleinen Hämmerchen meine Reflexe prüfte und mich ausfragte. Irgendwann griff er zum Telefon und sagte „Ich habe hier einen dringenden Fall für die Pia." Erst Jahre später wurde mir klar, dass Pia nicht der Vorname meiner zukünftigen Ärztin war. PIA bedeutet Psychiatrische Institutsambulanz. Dank der Hilfe von Dr. Kugler hatte ich bereits am 23. Januar meinen ersten Termin bei Frau Kunze, einer Psychiaterin der Ambulanz. Folgende Symptome schilderte ich ihr: Weinen ohne irgendeinen Anlass, absolute Kraft- und Antriebslosigkeit, Gereiztheit, vollkommenes Desinteresse, Konzentrationsmängel, Kopfschmerzen, Übelkeit, weiche Knie und Schwindel. Frau Kunze verschrieb mir ein „modernes" Antidepressivum, das heißt eines mit weniger Nebenwirkungen als noch in den neunziger Jahren. Und nun versuchte ich, genauso wie 1999, mit Hilfe eines Medikamentes und viel Ruhe, Stressreduzierung und Bewegung im Freien gegen die Depression anzukämpfen. Wochenlang schwankte ich zwischen Optimismus und Resignation. Nahezu täglich änderte sich meine Meinung zum stationären Aufenthalt. Einmal verkündete ich stolz beim Abendbrot: „Ich glaube jetzt beginnen die Medikamente zu wirken.", doch am nächsten Abend weinte ich ohne Ende.

Michael notierte über das erste Quartal 2008:

Am 9. März nahm Judith das Angebot von Frau Kunze an und ließ sich am 12. März in die Psychiatrie aufnehmen. Da die ambulante Selbstbehandlung keine Änderung ihres depressiven Zustandes bewirkt hatte, entschloss sie sich zu diesem Schritt. Von da an hoffte sie, dass die zielgerichteten Behandlungen zu einer Wende führen. Im Kopf waren aber häufig ihre Arbeit und vor allem der Drang, sich relativ schnell für (zunächst) Teilzeiteinsätze bei ihren Kunden fit zu machen.

An einem Sonntag im April war Judith von 8 Uhr bis 20 Uhr zu Hause. Dabei zeigte es sich, dass ihre Woche von großen Rückschlägen gekennzeichnet war. Hinzu kamen nun auch Gedächtnisschwierigkeiten, die ihr Angst einjagten und neue Probleme bereiteten. Ich wusste nicht viel von der Krankheit Depression und glaubte den Informationen von Judith und Frau Kunze. Die lauteten: Medikamente gegen die akute Phase, ergänzend ein Langzeitpräparat und diverse Therapien – dann wird alles gut.

Kurz nach meiner Entlassung am 8. Mai fuhr ich

zu einem meiner langjährigen Kunden und teilte schweren Herzens mit, dass ich nicht zurückkomme. Ich musste einfach kürzer treten, um eine erneute depressive Phase zu verhindern.

Bei meinem ersten Ambulanztermin nach dem Klinikaufenthalt landete ich beim Chefarzt, weil Frau Kunze gerade auf Station aushalf. „Wie siehts aus?" fragte mich der irgendwie weise aussehende ergraute Chefarzt. „Ich bin recht zufrieden." antwortete ich. Und das war nicht geflunkert. „Wenn Sie es weiterhin sachte angehen, wird sicher alles gut." meinte der Weise. Schon wieder einer, der sagte „Alles wird gut."

2009

Im ersten Halbjahr 2009 ging es mir recht gut. Ich absolvierte eine Verhaltenstherapie, die mich viel Energie kostete, und reduzierte in Absprache mit Frau Kunze ganz langsam die Medikamente. Das Pensum bei meinen Kunden meisterte ich ohne größere Probleme und die verbleibende Zeit arbeitete ich für den Verlag. Ende Juni 2009 fragte mich Michael: „Was hältst du davon, ein Buch über deine Depression zu schreiben?" Zunächst war ich ganz und gar nicht begeistert von dieser Idee. Im Laufe der Zeit freundete ich mich aber damit an. Doch bevor ich richtig loslegen konnte, rutschte ich erneut in eine leicht depressive Phase. An das Schreiben eines Buches war nicht mehr zu denken. Noch bevor ich alle Medikamente ausgeschlichen hatte, stimmte ich einer Erhöhung der Dosierung zu.

2010

Michael notierte in seiner Datei „Judiths Krankheit" im Herbst 2010: *Ende Oktober machten wir in Jena ein paar Tage Urlaub. Bei den vielen Ausflügen begleitete Judith mich, machte aber auf mich einen ziemlich abwesenden Eindruck. An manchen Tagen sah sie richtig schlecht aus. Ich habe keine Erklärung dafür, da ich immer glaubte, durch die Entspannung müssen die Kräfte wieder aufgebaut werden.*
Vom Urlaub nach Hause zurückgekehrt, teilt Judith mir mit, dass sie gern ausziehen und allein wohnen möchte. Mich trifft es eiskalt. Ich weiß damit überhaupt nichts anzufangen. Ich glaubte immer, wenn wir uns offen die Wahrheit sagen, auch über unser Verhalten, können wir besser damit (gemeinsam) leben. Ich erklärte ihr, dass ich ihre schlechte Verfassung im Urlaub bemerkt hatte und sie nicht bevormunden will, aber der Meinung bin, dass ich sie schützen und ihr helfen möchte.

Die Tage in Jena waren schrecklich. Wir haben beide unterschätzt, wie schlecht es mir schon ging. Ich habe ständig irgendwelche Türen vergessen zu schließen, nach dem Besuch einer Kirche nicht mehr den Ausgang gefunden, im Auto gedacht dass wir bergauf fahren obwohl es abwärts ging, früh nicht mehr gewusst worüber wir am Abend vorher ausführlich gesprochen haben.

Zu Hause angekommen meinte Michael, dass er den Eindruck hatte, mit einem Schulmädchen verreist gewesen zu sein. Stimmte genau. Das war auch mein Eindruck. Ich dachte nämlich mit einem Oberlehrer meinen Urlaub verbracht zu haben. Ich war bis auf das Äußerste gereizt, kraftlos, desinteressiert und völlig antriebslos.

Meine Idee, ausziehen zu wollen tauchte ganz spontan im Gespräch über den zurückliegenden Kurzurlaub auf. Ich wusste nicht, ob das die Lösung meiner Probleme sei, aber von Tag zu Tag manifestierte sich die Vorstellung, allein zu leben. Mein Selbstbewusstsein war nahezu Null und irgendwie musste es mir gelingen, mein Leben wieder selbst in die Hand zu nehmen. Michael übernahm in den letzten Jahren wie selbstverständlich viele Aufgaben und ich war froh, mich nicht mit Versicherungen, Telefon, Strom usw. befassen zu müssen. Dadurch fühlte ich mich im Laufe der Jahre allerdings völlig abhängig von ihm. Und das musste ich ändern. Mindestens ebenso schwer wog der Grund „einfach nur meine Ruhe" haben zu wollen. Ich wollte mich ganz weit vom Leben zurückziehen.

Unseren jährlichen Kurzurlaub über den Jahreswechsel verbrachten wir an der Ostsee. Lange Strandwanderungen tun mir immer gut. So auch dieses Jahr. Außer Büchern habe ich dieses Jahr auch die Unterlagen für meine psychosomatische Rehabilitation, die kurz vor Weihnachten angekommen sind, mitgenommen. Viel Papier, das ich fern von zu Hause lesen und verstehen wollte. Für mich stand die Verringerung der diffusen Schmerzen, besonders im Gesicht, im Vordergrund. Seit Monaten oder sogar Jahren quälten mich diese Schmerzen in der rechten Gesichtshälfte. Wenn sie auftraten war ich nicht in der Lage zu sprechen geschweige denn zu essen, und wartete einfach darauf, dass sie aufhörten. Zum Glück wusste ich, dass die Schmerzen nur von kurzer Dauer sind. Nach 10 bis 15 Minuten war alles vorbei.

Unlängst sah ich im Fernsehen eine Reportage über Depressionen. Einer der Protagonisten war ein Mann, der als depressives Symptom ausschließlich diffuse Schmerzen hatte. Nach einer Odyssee bei vielen Ärzten war er nach Monaten in einer Psychosomatischen Klinik angekommen. Da konnte ich ja wirklich froh sein, dass mich wenigstens zahlreiche klassische Symptome einer Depression belasteten.

Ob sich während einer sechswöchigen Reha auch Gedächtnis und Konzentration verbessern bezweifelte ich. Aber man weiß ja nie. Frau Kunze hat gesagt: „Konzentration und Gedächtnis verschwinden zuerst und kehren zuletzt zurück." Außerdem meinte sie, dass ich mir keine Sorgen wegen Demenz machen müsse. Im Zusammenhang mit Depressionen tritt häufig eine „Pseudodemenz" auf, die nach Abklingen einer Episode verschwindet.

Den Jahreswechsel mit Feuerwerk verbrachte ich mit Michael am Ostseestrand in Rerik.

2011

10. Januar 2011

Heute ist mein erster Arbeitstag des neuen Jahres. Wie am 22. Dezember, dem letzten Arbeitstag des vergangenen Jahres, überlege ich bereits gegen sechs Uhr, was ich tun soll. Mir ist klar, dass ich ins Büro fahren muss. Ich habe auch Lust dazu. Aber trotzdem schaffe ich es nicht, nach dem Klingeln des Weckers aufzustehen. Ich bleibe einfach liegen und sage kein Wort. Michael nimmt seine Sachen und löscht wieder das Licht. Er denkt sicher, dass ich Kopfschmerzen habe. Das ist zwar auch der Fall, aber der Hauptgrund ist das Morgentief meiner zurückgekehrten Depression. In den letzten Monaten habe ich mir umfangreiches theoretisches Wissen zum Thema Depression angeeignet. Da ich mich derzeit wohl auf dem Weg in die dritte Episode befinde muss ich davon ausgehen, dass ich die genetische Disposition für weitere Depressionen habe.

Das sogenannte Morgentief ist ein klassisches Symptom für eine Depression. Eines der kaum oder gar nicht zu erklärenden. Nach dem Aufwachen sind Stimmung und Antrieb auf dem Tiefpunkt des Tages. Es fühlt sich an, als seien meine Knochen aus Blei. Ich bin nahezu bewegungsunfähig und quäle mich mit extremer Anstrengung aus dem Bett. Noch den gesamten

Vormittag fühlen sich Bett und Couch, ja sogar Sessel und Stühle wie riesige Magnete an. Und ich als kleiner Kühlschrankmagnet kann ihrer Anziehung nur schwer widerstehen. Selbst Michael und Nadja als mittlerweile bestens informierte Angehörige können das alles nur schwer begreifen. An guten Tagen kann ich es ja selbst nicht verstehen. Wie kann jemand nicht in der Lage sein, einfach nur aus dem Bett zu steigen?

Michael ist losgefahren und ich schlafe fest ein. Träume verfolgen mich und nach zwei Stunden wache ich wie gerädert auf. Die Januarsonne scheint durch die Vorhänge auf mein Bett. Das beste Wetter also für einen ausgedehnten Spaziergang. Ich quäle mich aus dem Bett, um einen Blick in meinen Kalender zu werfen. Glück gehabt, heute liegt nichts extrem Wichtiges an. Doch statt in die Kleider zu springen und das schöne Wetter zu nutzen, falle ich zurück ins Bett; und bin erleichtert. Durch die nun offenen Vorhänge sichtbar bewegen sich die Bäume im leichten Wind und ich kann zwei Eichhörnchen beobachten. Im Gegensatz zur körperlichen Starre läuft das Gedankenkarussel auf Hochtouren: Ich kann nichts. Ich bringe sowieso nichts zu Stande. Keiner mag mich. Wozu soll ich eigentlich aufstehen? Wenn ich nicht mehr da bin, wird es nach einiger Zeit keinem mehr auffallen. Alles ist sinnlos. Warum soll ich mich weiter quälen? Wer braucht mich denn? Im Kopf scheinen die schwarzen Schmetterlinge unaufhörlich gegen meine Schädeldecke zu prallen. Mein Kopf wird zerspringen. Während ich einige Zeilen schreibe, stütze ich den Kopf oft in beide Hände und sitze einfach so da. Ich warte auf irgendetwas, weiß aber nicht worauf. Ich fühle mich völlig kraftlos und beginne zu schwitzen.

Kleine Freuden zaubern aber auch mir gelegentlich ein Lächeln ins Gesicht. Wenn sich Nadjas Zwergkaninchen Marta unverhofft auf den Rücken wirft und sein strahlend weißer Bauch zu sehen ist, bin ich für einen kurzen Augenblick glücklich. Ich streichle sie und genieße ihre Zutraulichkeit. Auch heute spreche ich mit ihr wie mit einem kleinen Kind. "Na Marta, hast du dich jetzt fein sauber geputzt?" oder "Warum willst du immer zur Tür raus?"

Abends ist mein Morgentief wie weggeblasen. Die Hausarbeit, die vormittags absolut nicht zu erledigen war, geht mir jetzt gut von der Hand. Sobald ich nicht mehr allein in der Wohnung bin, setze ich unbewusst meine Maske auf und bin nahezu voll da. Ich bin die gestandene Geschäftsfrau, treusorgende Mutter und liebevolle Ehefrau. Keine der drei Beschreibungen trifft gegenwärtig allerdings zu. Ich weiß nicht, wie lange ich das noch so vorspielen kann. Auf Michaels Frage "Was hast du heute so gemacht?" kann ich nur antworten "Nichts. Ich habe zum Fenster rausgeschaut und Eichhörnchen und die

Bäume im Wind beobachtet." Meine Antwort ist mir peinlich. Ich habe sowieso schon ein schlechtes Gewissen. Er sagt nichts dazu. Mir ist klar, dass er wenig Verständnis hat, haben kann. Er rackert sich ab und ich beobachte Eichhörnchen. Meine Stimmung kippt und die Tränen steigen hoch. Auf der einen Seite verstehe ich seine Reaktion, auf der anderen bin ich nicht in der Lage mich zu entschuldigen. Die nachfolgende kleine Grundsatzdiskussion berührt kurz das Thema Trennung und Auszug. Ich glaube, Michael nimmt meine Worte nicht ganz ernst. Doch gerade in dieser Minute festigen sich erneut meine Pläne. Ich möchte einfach nur für mich allein sein, niemandem Auskunft geben müssen, wie es mir geht, mich zurückziehen und ein abgeschiedenes Leben führen.

12. Januar 2011

Der Wecker klingelt lange, bevor mir klar wird, was los ist. Ich stelle ihn aus und springe auf. Die ersten Minuten jedes Tages sind schrecklich! Zweifel kommen auf, warum muss ich mir das antun? Meine noch vorhandene Disziplin lässt mich die Magnete Couch und Bett vergessen. Im Bad muss ich mich immerzu an die gewohnte Reihenfolge erinnern. Das Morgentief schlägt mit voller Macht zu und jede Handbewegung, jedes Drehen des Kopfes verursacht Schmerzen. Weniger als eine Stunde nach dem Aufstehen, noch während des Zähneputzens, kreist alles in meinem Kopf nur um Eines: „Wann kann ich endlich wieder schlafen?". Ich bin so unendlich müde. Später als sonst komme ich völlig geschafft aus dem Bad und ab geht´s zur Straßenbahn.

19. Januar 2011

Ich ziehe mich immer weiter zurück.
Ich brauche einen Schnitt in meinem Leben.
Ich kann mich über nichts mehr freuen.
Ich bin am liebsten allein.
Ich weiß nicht, wie es weitergehen soll.
Ich weine oft ohne erkennbaren Anlass.
Ich weiß nicht, wie lange ich die starken diffusen Schmerzen noch aushalte.
Ich fühle völlige Leere in mir.
Und ich glaube, dass ich den schwarzen Schmetterlingen nicht mehr lange widerstehen kann.

22. Januar 2011

Heute ist Samstag. Michael hat frische Brötchen geholt und das Frühstück vorbereitet. Ich habe mich an seine Freundlichkeit gewöhnt und kann etwas länger im Bett bleiben. Das tut mir gut. Auch heute startet das Gedankenkarussell im Kopf und ich quäle mich aus dem Bett, nur um davon loszukommen. Der morgendliche Blick aufs Handy zeigt eine Nachricht an. Auf dem Weg zum gedeckten Frühstückstisch rufe ich die

Nachricht ab. Meist erhalte ich eine Nachricht von Nora oder Nadja. Doch heute höre ich die Ansage einer Schwester aus dem Krankenhaus: „Guten Tag, ich rufe im Auftrag von Frau Langhammer an. Sie bittet darum, dass jemand zu ihr kommen möchte." Mir bleibt das Herz stehen. Panik erfasst mich. Michael und ich machen uns umgehend auf den Weg in die Klinik. Meine Mutter, die seit zwei Jahren an Weichteilkrebs leidet, wurde vor einigen Tagen am Oberschenkel operiert. Zitternd und heulend betrete ich den Flur der Chirurgie. Die nette Schwester, die uns über Mutters Gesundheitszustand auf dem Laufenden gehalten hat, kommt auf mich zu und teilt mir mit, dass meine Mutter in ein Einzelzimmer verlegt wurde. Mein Herz beginnt noch heftiger zu schlagen als ich das Zimmer betrete. Erschöpft und ausgezehrt liegt meine Mutter im Krankenhausbett. Die Farbe ihres eingefallenen Gesichts unterscheidet sich kaum vom Kopfkissen. Das rechte Auge halb offen, das linke geschlossen atmet sie schwer. Ich weiß nicht, ob sie mich noch erkennt. Sobald ich ihre kleine Hand in meine nehme beginnen meine Tränen zu fließen und ich lasse ihnen freien Lauf. Zu all der Hoffnungslosigkeit und Verzweiflung der letzten Tage kommt eine unbeschreibliche Traurigkeit hinzu. Mutters Muskeln zucken wie bei einem Krampfanfall. Ihr ganzer Körper ist schweißnass und mehrmals stammelt sie kaum zu verstehende

Sätze wie „Mir ist so kalt.", „Lasst mich hinsetzen.", „Es tut so weh." Ich fühle mich ohnmächtig und versuche über das Bett gebeugt jeden Laut zu verstehen, doch ihre Stimme wird immer schwächer und schwächer. Ich weine unaufhörlich und bei jedem ihrer angestrengten Atemzüge bitte ich darum, dass es der Letzte sei. Doch immer und immer wieder hebt und senkt sich ihre Brust. Die Schmerzen setzen erneut ein und ihre letzten Sätze werde ich für immer in Erinnerung behalten. „Lasst mich sterben. Gebt mir doch eine Spritze." Nach einer unermesslich lang erscheinenden Zeit wird ihre Atmung flacher. Selbstvergessen drücke ich ihre kleine Hand immer fester und streichle ihr Gesicht. Es dauert nicht mehr lange und meine Mutter ist für immer eingeschlafen.

Und für mich beginnt eine bisher unbekannte, ganz schreckliche Phase. Ich habe schon über den Zustand gelesen, ihn aber noch nie erlebt: man möchte weinen weil einen die Traurigkeit sonst auffrisst. Aber es geht nicht. Keine einzige Träne zeigt sich. Seelischer Schmerz kann einen Körper auch zu vollständiger Starre bringen. Tränen wären eine extreme Erleichterung für mich, aber sie wollen nicht fließen.

Nach einer grauenvollen Nacht wache ich früh mit dicken roten Augen auf. Michael fragt mich mitfühlend, ob ich mit frühstücken möchte. Als ich mich ins Wohnzimmer schleppe sitzen Nora und Nadja schon am Tisch. Nora ist nach einem Anruf von ihm noch gestern Nacht nach Dresden gekommen. Es ist einer der ganz selten gewordenen Sonntage, an dem wir wieder einmal zu viert frühstücken. Entgegen dem sonstigen fröhlichen Geplauder herrscht bedrückende Stille. Jeder bemüht sich etwas zu essen und keiner blickt dem anderen in die Augen. Michael unterbricht das Schweigen mit der Frage: „Wollen wir gemeinsam etwas unternehmen?" Was sollen wir dazu sagen? Nora und Nadja haben gestern ihre Großmutter und ich meine Mutter verloren, da steht uns der Sinn nicht gerade nach einem Ausflug. Michael hat als Schwiegersohn eine weniger enge Bindung zu meiner Mutter. Natürlich mochte er sie gern und kam auch mit ihren Eigenheiten klar. Besonders in der letzten Zeit hat er sich viel um sie gekümmert und mich dadurch entlastet. Vielleicht sollten wir doch auf seinen Vorschlag eingehen und einen Ausflug in die Dresdner Heide machen. In der Natur können wir uns freier über vieles unterhalten. Zum Glück nehmen wir Michaels Anregung an und machen zu viert einen ausgedehnten Spaziergang. Nora und Nadja als erwachsene Frauen sind mittlerweile gute Gesprächspartnerinnen für mich. Ich kann über meine Gefühle, meine Gedanken, meine Stimmung mit ihnen reden und werde verstanden. Ich bin froh die beiden um mich zu haben.

10. Februar 2011

Der Tag der Urnenbeisetzung ist vorüber und ich kann nichts aufschreiben. Gar nichts. Völlige Leere im Kopf. Aber wenigstens kann ich wieder weinen. Die Starre seit dem Tod meiner Mutter ist gewichen.

15. Februar 2011

Zum Glück erwartet mich in der medizinischen Rehaklinik Auensee ein Einzelzimmer. Ich kann mich sozusagen rund um die Uhr mit mir und meinem Leben beschäftigen. Wahrscheinlich werde ich innerhalb von sechs Wochen nicht alle Baustellen abschließen können, aber ich möchte versuchen, mein Leben noch einmal lebenswert zu gestalten. Beim Aufnahmegespräch sind mir folgende Problemfelder eingefallen: absolute Antriebslosigkeit, Gedächtnis- und Konzentrationsprobleme, körperliche Schwäche, Gleichgültigkeit, diffuse Schmerzen (Gesicht, Schulter, Nacken …) Herzrasen, keinerlei Selbstvertrauen.

18. Februar 2011

Heute gehe ich erstmals zur Bezugsgruppe. Alle Teilnehmer sind ähnlich leidgeprüft wie ich. Am Anfang kann ich gut sprechen und zuhören. Nach der üblichen Frage „Wer hat heute eine Frage mitgebracht?" hätte ich am liebsten geantwortet: "Wie erklärt ihr euren Familien oder Freunden die Depression bzw. den Sinn und

Zweck der Reha?" Ich spüre aber schon Tränen aufsteigen und nach kurzer Zeit flossen sie dann auch. Diese Frage sollte ich wohl eher am Ende der Reha stellen. Schon während der Bezugs-gruppe grüble ich über das Ausziehen aus unse-rer gemeinsamen Wohnung nach. Dann müsste ich auf eigenen Füßen stehen. Könnte ich das überhaupt? Ich vergesse Worte, die ich vor zwei Minuten gesagt habe. Ich schaue mindestens zwanzigmal täglich auf meinen Therapieplan, um keinen Termin zu verpassen. Fahrig suche ich ständig irgendwas, obwohl ich mein Hab und Gut nur in einem kleinen Einzelzimmer verteilt habe. Als ich mich erneut auf die Gruppe kon-zentriere werden Sätze, die Depressive zu Boden schmettern können und Tipps besorgter Mitmen-schen besprochen. Zunächst geht's um Ratschlä-ge von Freunden und Verwandten wie zum Bei-spiel: „Das wird schon wieder." Leider wird´s einfach so, ganz von allein, nicht wieder. Weder Zeit noch Urlaub heilen unsere Wunden. Diese Erfahrung haben viele in der Gruppe gemacht. Andererseits verwende ich den Satz „Das wird schon wieder." selbst gern, um weitere Nach-fragen aus dem Weg zu gehen. Ich kann meine Depression einfach nicht erklären. Nicht einmal Michael, Nora und Nadja.

Weitaus überraschender finde ich die Auswahl von Sätzen, die Depressive wirklich schwer tref-fen und die außerdem extrem kontraproduktiv sind. Ich bin fassungslos, was für Beispiele in der Gruppe genannt werden. „So schlimm kann´s doch gar nicht sein." Oder „Du wirst es wohl noch schaffen einkaufen zu gehen." Oder: „Was ist denn nun schon wieder los?" Und ganz zum Schluss kommt auch noch der für mich schlimmste Satz: „Da musst du dich einfach mal zusammenreißen." Mir wird sofort klar, was für ein Glück ich mit meiner Familie habe. Keinen einzigen der von den Gruppenteilnehmern gesagten Sätze habe ich je zu hören bekommen. Und wenn ich mich zwingen könnte, würde ich es weiß Gott tun.

24. Februar 2011

Heute ist mein Schwiegervater verstorben. Er befand sich bereits vor meiner Abreise nach Auensee wegen Darmkrebs im Krankenhaus. Am Nachmittag habe ich noch ein Einzelgespräch mit meinem Therapeuten. Wie schon meine erste Psychotherapeutin vor einigen Jahren meinte, gibt auch er mir den Rat: Erstmal meine eigenen Gefühle erkennen; das heißt, zunächst nicht unbedingt mit anderen darüber zu sprechen. Momentan plagen mich sehr starke Schmerzen in der rechten Gesichtshälfte und im Schulter- Nackenbereich, so dass ich den Stift weglegen muss.

Spät am Abend kann ich doch noch meine Gefühle benennen: Traurigkeit dominiert. Nun sind

Eltern und Schwiegereltern nicht mehr da. Alle sind innerhalb von sechs Jahren verstorben. Ich kann keine Fragen mehr an sie stellen und meine Töchter haben keine Großeltern mehr. Außer Traurigkeit fühle ich Hoffnungslosigkeit und Gleichgültigkeit.

27. Februar 2011

Endlich Sonntag. Kein Wecker klingelt. Keine Therapien stehen an. Ich kann einfach faulenzen. Nach dem gestrigen sonnigen Tag ist der Himmel grau in grau und in der Nacht ist etwas Schnee gefallen. Also muss ich nicht unbedingt einen langen Spaziergang machen. Trotzdem ist mir heute etwas gelungen, worauf ich stolz sein kann. Nachdem ich in den letzten Tagen dauernd T-Shirt und schwarze Fleecejacke drüber getragen habe, entscheide ich mich nach ewigem Überlegen und sehr vielen Blicken in meinen Kleiderschrank für eine bunte Bluse. Die Begutachtung vorm Spiegel fällt positiv aus und ich bin recht zufrieden. Auf dem Weg in den Speisesaal bilde ich mir ein, dass mir alle ansehen müssten, dass ich heute nicht in meiner schwarzen Jacke auftauche. Doch keiner spricht mich an. Die meisten sitzen selbstvergessen an ihren Tischen und verspeisen recht lustlos ihr Frühstück. Meine Tischpartner sind noch gar nicht aufgetaucht und so kann ich in Ruhe essen. Während ich Brötchen und Müsli verputze und Kaf-

fee als Aufwachhilfe trinke, kreisen meine Gedanken. Vielleicht ist an dem Mythos um Ein-
stein etwas dran, dass er sieben gleiche Anzüge
besaß. Er musste deshalb früh keine Entscheidung fällen, was er anziehen könnte. Er nahm
einfach den nächsten aus dem Schrank und spar-
te seine ganze Energie für seine Forschungen
auf. Sein Gehirn hatte quasi in dieser Zeit noch
frei. Hätte ich meine Fleecejacke in sieben ver-
schiedenen Farben würde ich jedem Tag eine
Farbe verpassen und auch ich könnte mir die
erste quälende Entscheidung des Tages ersparen.

2. März 2011

Gestern habe ich Michael von meinem Vorhaben
auszuziehen erzählt. Er war verständlicherweise
schwer getroffen und sprachlos. Das Telefonat
war sehr kurz. Eine Begründung für meine Entscheidung fällt schwer. Trotzdem weiß ich, dass
ich diesen Schritt tun werde.
Die letzte Nacht war grausam. Alpträume,
Schlaflosigkeit und nochmals Alpträume sorgten
dafür, dass ich den ganzen Tag über nicht auf die
Beine gekommen bin. Mir ist als hätte ich nur
eine weitere Baustelle eröffnet. Mittag- und
Abendessen habe ich heute weggelassen und in
der Depressionsgruppe weinte ich so schrecklich,
dass ich mich für die anschließende Ergo entschuldigen lassen habe. Bis zu Michaels Anruf
lag ich nur im Bett.

15. März 2011

Heute Nachmittag steht Depressionsgruppe auf meinem Therapieplan. Ich sitze also mit einigen mehr oder weniger Depressiven und einer Therapeutin zusammen und wir beackern das eine oder andere Problemfeld. Ziel solcher Gruppentherapien ist es, durch Erfahrungsaustausch weitere Erkenntnisse zur Bewältigung der uns gemeinsamen Krankheit ausfindig zu machen. Schon während der Vorstellungsrunde weine ich und kann kaum ein ordentliches Wort hervorbringen. Mühsam erzähle ich von meiner anhaltenden körperlichen Schwäche und der extremen Antriebslosigkeit, die auch nach fast fünf Wochen Reha immer noch da sind.

Die ersten Themen interessierten mich eher am Rande, doch irgendwann fiel der Satz „Da musst du dich einfach überwinden." Dieser Satz bei einer Depressionsgruppe! Für mich unfassbar. Denn das ist es ja gerade: ICH KANN MICH NICHT ÜBERWINDEN. Niemand in der Gruppe versteht mich, wenn ich erzähle, dass ich irgendwann im Sommer letzten Jahres wegen schönen Wetters beschloss, eine kleine Fahrradtour zu machen. Wir alle wissen: Bewegung im Freien wirkt antidepressiv. Ich ging also in den Keller, schloss mein Fahrrad ab und wieder an und das war`s dann mit der Fahrradtour. Es ging nicht. Ich konnte nicht aufs Rad steigen. In der Wohnung angekommen pendelte ich zwischen der Enttäuschung, es nicht geschafft zu haben und der Erleichterung, einfach aus dem Fenster auf die Bäume sehen zu können. Wirklich niemand in der Depressionsgruppe versteht mich und ich verstehe die Welt nicht mehr. Ganz fürsorgliche Patientinnen möchten mich nach dem Gruppengespräch gleich mit nach draußen nehmen. Heute entscheide ich mich lieber für Frustlaufen auf dem Laufband in den Räumen der Physiotherapie. Meine Aggressionen kann ich abbauen und mittlerweile sehe ich die Situation entspannter: die anderen können froh sein, dass sie diese extremen Antriebsschwierigkeiten nicht kennen.

19. März 2011
Die Zeit vergeht wie im Flug. Nur noch wenige Tage werde ich hier sein. Als früh die Sonne in mein wie immer unaufgeräumtes Zimmer scheint beschließe ich, heute Nachmittag einen ausgedehnten Spaziergang zu unternehmen. Je näher allerdings der Nachmittag kommt, umso klarer wird mir, dass ich nach der letzten Therapie dieses Tages, nicht nach draußen sondern ins Bett gehen werde. Wieder einmal.
Zum Glück ist die letzte Therapie ein Einzelgespräch. Ich erkläre sofort: "Ich weiß, die Sonne strahlt vom Himmel. Ich sollte also unbedingt raus gehen. Aber ich vermute, oder besser gesagt ich weiß, dass ich es nicht schaffen werde."

Ganz gelassen erwidert mein Therapeut, übrigens einer der Besten denen ich begegnet bin, „Heute ist nicht der letzte Tag dieses Jahres mit Sonnenschein. Wenn der Weg nach draußen heute ein unüberwindliches Hindernis darstellt, tun sie bitte das, was geht. Lesen sie ein Buch, blättern sie in Zeitschriften, lösen sie Kreuzworträtsel oder sehen sie einfach aus dem Fenster." Meine Erleichterung nach diesen Worten ist riesig. Ich muss kein schlechtes Gewissen haben weil ich heute im Zimmer bleibe.

27. März 2011

Lieber Michael, liebe Nora, liebe Nadja,
da ich meine Gedanken und Gefühle nur schwer in gesprochene Worte fassen kann, versuche ich es heute handschriftlich. Ich schreibe einfach drauf los, so dass die Struktur voraussichtlich etwas wirr werden könnte.

Ganz am Anfang ein kleiner Rückblick auf die Reha. Wie schon erwähnt, habe ich mich vom ersten Tag an wohlgefühlt. Die Orientierungsprobleme im Gebäude waren bald verflogen. Gleich in der ersten Woche wurden in Absprache zwischen dem Reha-Arzt und mir Citalopram und Solvex durch Trevilor ersetzt. Solvex wird zukünftig von den gesetzlichen Krankenkassen nicht finanziert, so dass mir Frau Kunze Trevilor schon vorgeschlagen hatte. Körperlich habe ich keine Veränderungen festgestellt. Die Nebenwirkungen sind gleich geblieben (Mundtrocken-heit, Zittern, Schwitzen). Stimmungsmäßig ging es nach einem Hoch in den ersten zehn Tagen Stück für Stück abwärts. Ich weinte in den Einzel- und Gruppengesprächen, aus Desinteresse wurde Gleichgültigkeit und das bekannte Thema Antriebslosigkeit trat erneut in den Vordergrund. Befindlichkeiten über die ich vor der Reha oft „gejammert" habe treten hier mangels von mir gesuchter Kommunikation in den Hintergrund (Gedächtnisprobleme, Reizbarkeit, Missverständnisse). Ich spreche nur während der Mahlzeiten und in den Therapien. Ansonsten bin ich still. Bis heute wechseln sich Tage mit völliger Leere im Gehirn mit solchen, in denen ich ununterbrochen und ohne Ergebnis grüble, ab. Beide Zustände sind sehr belastend.

Mal kurz zwischendurch: Außer mit euch möchte ich im Augenblick mit niemandem über die Depression und die Reha reden. Es ist so schon kompliziert genug. Bei Nachfragen wie´s mir gehe werde ich wahrscheinlich ausweichend „Es geht ganz gut." antworten. Und weiteren Nachfragen möchte ich aus dem Weg gehen.

Die größten Sorgen mache ich mir über die nahe Zukunft. Mein Wunsch, mich in die Anonymität der Großstadt zu verkriechen, ist immer noch da. Ich bräuchte dann weder zu sprechen noch versuchen, mich zu erklären. Meine extremen Stimmungsschwankungen finden nicht tage-

oder wochenweise statt, sondern im Laufe eines Tages. Es ist ein ständiges Auf und Ab. Ihr würdet kaum in der Lage sein, das weiterhin zu ertragen. Auch das Einpacken in Watte, ich meine, ständig auf mich Rücksicht zu nehmen, ist vermutlich nicht gut und strapaziert das Zusammenleben. Immer wenn ich an euch denke fange ich an zu weinen. Ich fühle mich dann so undankbar, weil ich weiß, dass ihr mir helfen wollt. Grübeleien wie diese sind nicht aus meinem Kopf zu vertreiben: Ich kann doch einfach alles so weitergehen lassen. Irgendwann geht's mir vielleicht besser. Warum soll ich mich eigentlich immer weiter so quälen und anstrengen? Meine Energie zum Kampf gegen die schwarzen Schmetterlinge ist sowieso fast aufgebraucht. Ganz tief in mir drin habe ich schon das Handtuch geworfen.
Liebe Grüße
Eure Judith

29. März 2011
Meine medizinische Reha in der Klinik Auensee ist vorüber. Ich habe mich intensiv mit mir und meinem Leben beschäftigt. Im Gegensatz zu den anderen abreisenden Patienten kommt bei mir aber keine Freude auf. Ich möchte für immer hier bleiben.
Michael holt mich ab und während der Heimfahrt sitze ich wie ein Eisblock neben ihm im Auto. Schweigsam. Abwesend. Hoffnungslos.

Die verflixte Gleichgültigkeit verlässt mich auch zu Hause nicht. Wie abwesend packe ich meine Sachen aus, fülle die Waschmaschine und bereite das Abendessen zu. Anschließend nehme ich meinen Lieblingsplatz auf der Couch ein. Alles scheint wie vor der Reha zu sein. Doch wenn ich ehrlich bin: Nichts ist mehr so wie vor sechs Wochen. Ich bin noch schweigsamer und nehme Michaels Bericht über die letzten Tage kaum auf. Am liebsten wäre es mir, wenn er gar nichts sagen würde.

Morgen früh habe ich wegen der weiteren Medikamentierung einen Termin bei Frau Kunze. Ich hoffe ja noch auf die Wirkung des bei der Reha neu verordneten Medikamentes. Kurz vorm Einschlafen versuche ich, mich auf das morgige Aufstehen einzustellen.

30. März 2011
Nachdem ich dreimal den Wecker um einige Minuten nach vorn gestellt und klingeln lassen habe, schaffe ich es aufzustehen. Das Morgentief lässt grüßen. Schwankend begebe ich mich ins Bad und vergesse beim Zähneputzen Ort und Zeit. Ich putze und putze bis mir ein Blick auf die Uhr sagt, dass ich in zehn Minuten bei Frau Kunze sein soll. Das ist nicht zu schaffen. Ich verfalle in Hektik und treffe abgehetzt in der Ambulanz ein.

Schon Frau Kunzes erste Frage nach der Reha

wirft mich um. Mein ganzer Körper bebt und ich kann kaum sprechen. Stockend erzähle ich davon, dass ich lieber in Auensee geblieben wäre, dass ich mich als Belastung für Michael fühle, dass ich glaube mein Leben nicht mehr in den Griff zu bekommen, dass ich nicht weiß, wie es weitergehen soll. Obwohl Michael mir erst gestern wieder beteuert hat, dass er zu mir halten und so gut es geht helfen wird, möchte ich nur noch weg von zu Hause.

Nachdem ich meine völlige Gleichgültigkeit und Hoffnungslosigkeit erwähnt habe, kommt die Frage nach Suizidgedanken. Bisher konnte ich stets glaubhaft und ehrlich sagen: „Nein, die habe ich nicht." Doch heute setze ich nur an „Na ja …" und schon unterbricht mich Frau Kunze: „Ihr stationärer Aufenthalt vor drei Jahren war doch vielversprechend." Sie empfiehlt mir deshalb, mich erneut aufnehmen zu lassen und versorgt mir für kommenden Montag ein Bett auf der mir bereits bekannten Station C5. Ganze zwei Monate habe ich vor drei Jahren dort verbracht. „Ich muss erst mit meiner Familie sprechen." ist der einzige Satz den ich noch herausbringe. Frau Kunze hat vermutlich schon mitbekommen, dass auch ich keine andere Möglichkeit sehe, aus meinem aktuellen Tief heraus zu kommen. Die Chancen, mich an meinen eigenen Haaren selbst aus dem Schlamassel zu ziehen, sind nahezu Null.

Abends ist Michael ebenso überrascht wie ich heute früh. Er weiß natürlich, dass Rehabilitanden nach dem Aufenthalt in einer psychosomatischen Reha in der Regel nicht geheilt entlassen werden. Aber gleich noch einmal ins Krankenhaus gehen? Für eine stationäre Behandlung sprechen allerdings Symptome wie absolute Antriebslosigkeit, völliges Desinteresse, körperliche Schwäche, Konzentrations- und Gedächtnisprobleme, mangelndes Selbstvertrauen und diffuse Schmerzen. Ich sehe keinen anderen Weg, als mich erneut ins Elisabeth-Krankenhaus zu begeben.

4. April 2011
Nun bin ich also wieder da. Auf der C5. Die meisten Schwestern und Pfleger kenne ich noch von 2008. Damals verbrachte ich acht Wochen in der Psychiatrie und absolvierte anschließend eine ambulante Verhaltenstherapie. Wie der Name sagt, habe ich mit einer Therapeutin mein Verhalten in bestimmten Situationen analysiert und versucht, andere Handlungsweisen zu entwickeln. Und trotzdem bin ich abermals hier gelandet.
Auch dieses Jahr betreut mich Herr Adam. Er meint, dass der Zeitraum von drei Jahren doch respektabel sei. Tja, so unterschiedlich schätzen Arzt und Patientin die Situation ein. Ich wäre am liebsten nie wieder gekommen.

Der Stationsalltag mit seinen festen Zeiten für die Mahlzeiten sowie mein wöchentlich ausgedruckter Therapieplan schaffen die dringend notwendige Tagesstruktur. Bevor ich erneut auf die C5 ging, gehörte das Wort Tagesstruktur nicht zu meinem aktiven Wortschatz. Innerhalb der letzten Jahre habe ich allerdings begriffen, dass ein geregelter Tagesablauf für zahlreiche psychische Krankheiten unabdingbar ist.

Auch diesmal habe ich Glück mit meiner Zimmergenossin. Andrea ist etwas jünger als ich und seit etwa zwei Wochen hier. Als ich sie zum ersten Mal sehe, wird sie von einem Patienten gestützt, zitternd am ganzen Leib nach einer Gruppentherapie in unser Zimmer geführt. „Was mag in dieser Therapie nur passiert sein?" denke ich. Andrea dreht sich im Bett zur Wand und weint und zittert und schluchzt und jammert leise. Beim Abendbrot sehen wir uns erstmals in die Augen. Und in beiden Augenpaaren steht Wasser. Vom Abendbrot bleibt das Meiste auf dem Teller. Wir müssen auch nichts sagen. Wir sind einfach nur Seelenverwandte. Das Zimmer, in dem wir gemeinsam viele, manchmal endlos und sinnlos erscheinende Wochen, verbringen werden hört an diesem, meinem ersten Abend, kein Wort mehr. Andrea und ich löschen fast zur gleichen Zeit das Licht und unser ganz persönliches Kopfkino startet. Irgendwann schlafe ich ein und viel, viel später Andrea vielleicht auch.

Sie plagt sich mit einer bipolaren Störung (auch manische Depression genannt) herum. Himmelhoch jauchzend – zu Tode betrübt beschreibt die Gefühlswelt bipolarer Menschen wohl am besten. Depressive Phasen wie ich sie kenne wechseln sich mit Phasen absoluter Selbstüberschätzung, Euphorie, ständiger innerer Unruhe, Unfähigkeit stillzusitzen und einem für mich unbegreiflichen Rededrang ab.

Ich glaube meine klassische Depression ist wirklich besser auszuhalten als das Auf und Ab der Seele. Wenn auf dem Weg aus der Depression in die Manie wenigstens eine längere stabile Phase wäre. Aber aus Erzählungen anderer Patienten weiß ich, dass dies meist nicht der Fall ist.

Zu den Mahlzeiten gibt es für jeden Patienten einen festen Platz. Ich sitze an einer Tischstirnseite und in den nächsten Wochen nehmen dreimal täglich Andrea zu meiner rechten, Roman zu meiner linken Seite Platz. Auch Roman ist bipolar. Er ist ein Hüne von einem Mann: 1,90 Meter groß, kräftig, gewelltes dunkles Haar, attraktiv. Einfach eine Erscheinung. Und so ein Mann kann depressiv sein? Kann er. Und für ihn als Mann ist es unvergleichlich schwerer als für Andrea und mich, seine Krankheit irgendjemandem zu erklären.

Die Mahlzeiten mit meinen Tischnachbarn sind sehr unterschiedlicher Natur. Jeder von uns verlässt häufig ohne erkennbaren Anlass heulend den Tisch. Mal ging`s einem von uns schlecht, mal sehr schlecht und an einem anderen Tag haben wir eine Mahlzeit lang nur geschwatzt und gekichert. Besonders das Frühstück verspeisen wir dank des Morgentiefs meist schweigend.

7. Mai 2011

Obwohl ich gut geschlafen habe bin ich wie gerädert aufgewacht. Es ist Samstag. Also kein Morgensport und keine Therapien. Ich gehe ins Bad und anschließend zum Frühstück. Ohne Geschmack wahrzunehmen esse ich das Marmeladenbrötchen und trinke einen Pott Kaffee. Bis die anderen am Tisch fertig sind mit Frühstücken, sehe ich selbstvergessen auf die Bäume vorm Fenster. Mein Platz an der Stirnseite ist eben toll. Ich fühle mich unbeobachtet. Auf meinen starren Blick angesprochen antworte ich: „Nein, nein, mir geht´s gut.". Kurz darauf fange ich jedoch am ganzen Körper an zu zittern und die Tränen fließen in Strömen. Ich fühle mich völlig kraftlos und kann mir nicht vorstellen, den Ausgang von 8 bis 8 (8.00 Uhr bis 20.00 Uhr) zu nutzen und nach Hause zu gehen. Die Mädels vom anderen Gang kümmern sich ganz lieb um mich und versuchen zu trösten. Alle sind der Meinung, dass es nicht sinnvoll sei, heute nach Hause zu gehen. Ich schleppe mich ins Zimmer und spreche zu Hause auf den Anrufbeantworter. Schon kurze Zeit später kommt Michael vorbei.

Mein Gesicht sieht noch verheult aus und ich versuche die Situation zu erklären. Das ist sehr schwierig. Ich finde nicht die rechten Worte. Ich sehe ihm an, dass es auch ihm nicht gut geht. Firma, Haushalt und die Auflösung der Wohnung seines im Februar verstorbenen Vaters lassen ihn an seine Grenzen stoßen. Die Küchenmöbel und der Fußbodenbelag müssen noch raus. Zum Glück hatte mein Schwiegervater noch einen DDR-Mietvertrag, so dass nicht vorgerichtet werden muss. Das ewige Hin- und Herfahren zwischen unserer Wohnung, seinem Büro und der Wohnung seines Vaters auf der anderen Elbseite belastet ihn extrem.

Auf Michaels Nachfrage nach meinem gestrigen Gespräch mit Herrn Adam kann ich kaum etwas sagen. Zwei Themen habe ich notiert und der gesamte andere Inhalt ist weg. „Kannst du nicht gleich nach dem Gespräch aufschreiben, worüber ihr gesprochen habt?" fragt er mich. „Das habe ich ja, eben diese zwei Themen. An mehr kann ich mich nicht erinnern." Schweigen. Da ihm die Zeit im Nacken sitzt startet er nach zehn Minuten in Richtung seines Vaters Wohnung. Während des anschließenden Weinkrampfes schaut ein Pfleger zur Tür rein und bietet mir ein leichtes Beruhigungsmittel an. Er hat meine Heulerei am Frühstückstisch genauso wie Michaels Kurzbesuch mitbekommen. Ich nehme dankend an und werde bald erschöpft einschlafen.

17. Mai 2011

Heute bin ich fast neunzig Minuten bei Herrn Adam. Eingangs klage ich erneut über meine Gedächtnisprobleme: „Ich glaube es geht nicht um Kurzzeit- oder Langzeitgedächtnis. Ich habe den Eindruck als würden gesagte, gehörte oder gesehene Dinge gar nicht in meinem Gedächtnis ankommen." Zum Glück hat mein Arzt eine bildliche Beschreibung für mich. „Frau Nürnberger, stellen sie sich bitte vor, ihr Gehirn sei ein Tintenfisch. Dann sind momentan einige oder vielleicht sogar viele Tentakel einfach zu kurz. Dadurch erreichen zahlreiche Informationen gar nicht ihr Ziel, nämlich ihr Gehirn. Das muss aber nicht so bleiben. Wenn sie sich etwas Zeit geben, werden wir es schaffen, mit Therapien, Medikamenten und ihrem Willen, einige Tentakel zu verlängern." Na das klingt ja super. Gelegentlich erfasst mich doch verhaltener Optimismus, dass alles gut wird.

Anschließend öffnen wir den zugeklebten Karton, in den ich seit einigen Wochen Zettel mit „Pro oder Contra Auszug" gesteckt habe. Auch dieser Karton ist eine Idee von Herrn Adam. Immer wenn ich über eine eigene Wohnung nachdachte, steckte ich einen oder mehrere Zettel in den Karton. Und die Entscheidung ist gefallen: Die Zettel mit Pro sind in der absoluten Überzahl. Nun hat die Grübelei ein Ende und Erleichterung macht sich in mir breit. Ich werde also ausziehen, obwohl ich Michael und Nadja damit sehr verletze. Auf vielen Zetteln steht, dass die Tagesstruktur wahrscheinlich ganz schnell verloren geht, wenn ich allein lebe und noch nicht arbeitsfähig bin. Zu Contra Ausziehen gehört auch: Schaffe ich eigentlich den Umzug? Ich muss mich um Telefon- und Versicherungs-verträge kümmern. Ich muss überhaupt mein Leben wieder selbst in die Hand nehmen. Schaffe ich das? Keine Ahnung. Aber wenn ich es jetzt nicht versuche, wann dann? Es muss sein, weil ich Angst habe, es später gar nicht mehr zu schaffen. Ich muss auch ausziehen, weil ich nicht schwach und antriebslos den Tag im Bett oder auf der Couch verbringen kann und Michael rackert sich von früh bis spät ab. Seine völlig verständliche Frage „Und, was hast du heute so gemacht?" würde immerzu in meinem Kopf herum spuken. Die schwarzen Schmetterlinge würden sich freuen und aufgeregt flattern. Der völlige Rückzug aus meinem bisherigen Leben und die damit verbundene Ruhe werden mir guttun. Es ist nicht falsch, wenn ich mich vorübergehend nur um mich kümmere. Vielleicht schafft Michael einen Neustart ohne seine depressive Frau. Übermorgen wird Nadja nicht bei ihrem Freund, sondern in unserer Wohnung übernachten. Ich möchte diese Gelegenheit nutzen, Michael und ihr meinen geplanten Auszug mitzuteilen. Schon jetzt bin ich nervös. Ich hoffe aber, dass wir gleich an diesem Abend zu einem sachlichen, konstruktiven Gespräch kommen.

20. Mai 2011
Unser Gespräch hat stattgefunden. Ich habe gesagt, dass ich mir eine kleine Wohnung suchen werde, weil ich versuchen möchte, mein Leben in die eigenen Hände zu nehmen. Und abends habe ich einen Brief geschrieben.

Lieber Michael,
ich fange erneut an, einen Brief an dich zu schreiben. Vielleicht komme ich diesmal bis zum Schluss.
Mir ist klar, dass mein Entschluss dich traurig macht. Ich habe monatelang Für und Wider gegeneinander abgewogen und denke, dass es für mich gegenwärtig der richtige Schritt ist. Wie bei unserem Gespräch schon erwähnt, bin ich nicht in der Lage mein Inneres nach außen zu kehren, um dir zu etwas mehr Klarheit zu verhelfen. Ich verstehe, dass du weiterhin auf eine Änderung meiner Entscheidung hoffst. Es wäre schön, wenn du nicht regelmäßig nachfragen würdest. Dein ständiges Beteuern des vorprogrammierten Misserfolges verbunden mit einer weiteren Verschlimmerung meiner Depression macht mich zwar sehr traurig, ich schreibe es aber deinem Wunsch zu, mein Ausziehen zu verhindern.
Meine Rückkehr ins „normale" Leben wird lang

und beschwerlich sein. Ich habe dazu während der Reha und auch in der Klinik zahlreiche Anregungen, Strategien und ganz pragmatische Tipps bekommen. Mein Ziel ist nicht, dauerhaft ausschließlich mit psychisch Kranken zu kommunizieren. Aber jetzt erleichtern Gespräche mit Betroffenen vieles. Stimmungen, Erfahrungen, Probleme oder Sorgen gleichen einander und können ohne große Erklärungen besprochen werden.

Ich bin mir bewusst, dass du in den letzten Monaten, eigentlich Jahren Unglaubliches geleistet hast. Unlängst hast du erwähnt, dass du auch bald reif für die Klinik bist. Das verstehe ich. Vielleicht findest du einen Weg zur Entlastung. Ich wünsche es dir sehr.

Ich habe bisher noch keinen Arzt der Klinik zitiert, möchte es jetzt aber tun: „Manchmal kann Hilfe auch zu viel werden.". Du hast mich in den letzten Jahren so außerordentlich tapfer unterstützt, ganz viel Verständnis für meine Stimmungsschwankungen gehabt, dich wie kein anderer Angehöriger mit der Depression auseinandergesetzt und neben deiner Firma und der Betreuung unserer Eltern den Haushalt geführt, wenn ich Wochen, gar monatelang nicht zu Hause war. Nun möchte ich versuchen, mein Leben in die eigenen Hände zu nehmen. Ich muss allein über die nächsten Stolpersteine steigen, allein die nächsten Hürden überspringen. Ich verspreche

mir von meinem Rückzug viel und glaube an die Richtigkeit meiner Entscheidung. Die Antworten auf viele Fragen werden wir heute nicht finden.
Liebe Grüße
Judith

22. Juli 2011
Nadja hat mir einen Brief geschrieben.

Hallo Mama, jetzt ziehst du also am Montag aus. Am Sonntag ist deine letzte Nacht bei uns zu Hause. Das macht mich traurig, Mama. Ich weiß es geht dir damit besser. Aber trotzdem ist das der Moment, den ich versucht hatte hinauszuzögern. Weil eigentlich ich irgendwann ausgezogen wäre. Weißt du, es ist immer einfacher für den der auszieht, als für die die zurück bleiben. Ich weiß, mich betrifft es nicht annähernd so drastisch und schlimm wie Papa, aber irgendwie verändert sich gerade alles. Wir haben einfach keine gemeinsame Wohnung mehr. Es gibt jetzt die von Papa und mir und DEINE. Wo ist unsere Familie denn hin? Denk bitte nicht, dass ich dir ein schlechtes Gefühl geben will. Aber auch ich muss meine Gefühle loswerden. Ich denke es ist super, dass du versuchst auf eigenen Beinen zu stehen. Wenn auch nicht für Papa. Obwohl, wer weiß wo es ihn hintreibt. Mama, ich mache alles, damit es dir besser geht. Du musst die Krankheit hinter dich bringen. Deine Nadja

25. Juli 2011

Meinen Umzug habe ich ohne Probleme gemeistert. Die Möbel stehen an den geplanten Stellen und die Umzugskartons werde ich demnächst leeren. Ich bin einfach froh, allein zu sein. Und selbstverständlich wusste ich, dass meine euphorische Stimmung der letzten Tage nicht ewig anhalten wird.

17. August 2011

Derzeit bin ich mit meiner frei gewählten Einsamkeit oder besser gesagt mit meinem Rückzug zufrieden. Mich interessieren die Probleme oder auch schönen Dinge anderer ganz und gar nicht. Gespräche rauschen einfach so an mir vorbei. Gleich, ob liebe Freundinnen, meine Brüder oder Michael sich um mich bemühen, ich schotte mich ab. Ich möchte einfach nur meine Ruhe haben. Frau Kunze und auch die Sozialarbeiterin der Klinik haben mir ins Gewissen geredet, dass ich mich jetzt nur um mich kümmern soll. Mitleid mit Michael sei jetzt nicht an der Tagesordnung. Das sagt sich so einfach. Ich möchte allein leben und er muss es; zumindest zurzeit. Schon während ich diese Zeilen schreibe füllen sich meine Augen mit Wasser. Michael hat überhaupt keine Chance an mich ran zu kommen. Alles was er sagt oder tut nervt mich nur. Aber auch Gespräche mit anderen erreichen mich nicht. Ich höre kaum hin. Manchmal denke ich sogar, dass es einfach so bleiben kann. Ich lebe zurückgezogen und wenn mir danach ist, krabble ich aus meinem Schneckenhaus raus und suche Kommunikation, Abwechslung, Erlebnisse.

Aber der Lebensunterhalt muss ja auch irgendwie verdient werden. Ich weiß nicht, ob es mit den Bürodienstleistungen jemals wieder was werden kann. Aber was sonst?

Die schreckliche Vorstellung, dass Michael jetzt völlig allein dasteht schießt mir öfters durch den Kopf. Seine Eltern sind verstorben, er hat keine Geschwister und die zwei besten Freunde wohnen weit entfernt.

Nadja ist gerade die einzige, mit der ich regelmäßig Kontakt habe. Ich weiß, dass sie unter unserer Trennung oder besser gesagt meiner Flucht sehr leidet.

Was hat mein Auszug eigentlich gebracht?

- Ich kann völlig selbstbestimmt leben.
- Abhängig von meiner Stimmung kann ich spontane Entscheidungen treffen.
- Ich bin sehr froh über das Alleinsein.
- Ich habe mein völlig verloren gegangenes Selbstvertrauen etwas gestärkt.
- Ich bin gezwungen, eigenverantwortlich meine Tagesstruktur aufrechtzuerhalten.
- Gelegentliche Selbstmordgedanken habe ich zwar, aber es besteht keine Gefahr. Erstens weiß ich nicht, wie ich es anstellen soll und zweitens fehlt mir auch dazu die Kraft.

Wenn ich mein soeben Geschriebenes nochmal überfliege muss ich feststellen, dass nicht viele von den Gedanken, die ich zu Papier bringen wollte, enthalten sind. Eigentlich ist der gesamte Text eine einzige Jammerei. Ich glaube nicht, dass in meiner jetzigen Verfassung eine Psychotherapie was bringt. Schließlich müsste ich da mitarbeiten, um Erfolge zu verzeichnen. Wenn ich aber dazu gar keine Lust habe?

Mit meiner Schreiberei habe ich wenigstens Zeit totgeschlagen und kann hoffen, bald einschlafen zu können. Doch erst versuche ich noch, meine augenblickliche Situation in Stichpunkten zu beschreiben: Gleichgültigkeit, Hoffnungslosigkeit, Verzweiflung, Hilflosigkeit, Traurigkeit, Antriebslosigkeit, Geräuschempfindlichkeit und noch einmal GLEICHGÜLTIGKEIT.

20. August 2011

So einen Abend wie den gestrigen möchte ich nicht noch einmal erleben. Eigentlich wollte ich als meine Stimmung extrem kippte mit Roman reden. Aber er hat bis Montag Besuch und kein offenes Ohr für mich. Ein bedrückender Film wird auch zu meinem Tief beigetragen haben. Als die Idee „Gehen Damenrasierer eigentlich auch?" aufkommt, werfe ich blitzschnell eine Jacke über und laufe zwei Stunden in straffem Tempo durch die Nacht. Die Fantasien am Anfang meiner Tour sind ziemlich wirr: „Bevor ich was Endgültiges unternehme muss ich meine Zettelwirtschaft sortieren. So ein Chaos kann ich niemandem zumuten. Auch die Wohnung müsste ich vorher aufräumen." Solange mich solch banale Dinge abhalten, muss ich keine Angst vor Suizid haben. Nach meiner Rückkehr falle ich erschöpft in einen traumlosen Schlaf.

26. August 2011
Auch ich habe schon den Satz gesagt: „Putzen gehen kann ich ja immer noch." Und ich wurde eines Besseren belehrt. Depressionen führen eben nicht nur im Kopf sondern auch im Körper zu beträchtlichen Defiziten. Diese schmerzhafte Erfahrung musste ich machen.

Um wenigstens einen kleinen Beitrag zum Familienbudget zu leisten, habe ich mir über ein Internetportal zwei Familien gesucht, für die ich die Wohnungen geputzt habe. Unglücklicherweise waren beide Maisonette-Wohnungen. Zu meiner fehlenden Kraft überhaupt zu putzen kommt noch meine extreme Zerstreutheit oder Fahrigkeit oder Unkonzentriertheit. Ich weiß nicht, wie oft ich treppauf und treppab gelaufen bin, nur um vergessene Utensilien zu holen. Völlig erschöpft habe ich mich nach Hause geschleppt und war an den folgenden Tagen quasi handlungsunfähig. Dreimal habe ich diese Aktion absolviert, und anschließend die Wohnungsschlüssel den Familien zurückgegeben.

7. September 2011

Auch weiterhin möchte ich gelegentlich aus Michaels Notizen zitieren.

Judith war vormittags bei mir im Büro. Im Anschluss an eine zwanglose Unterhaltung, erzählte sie ungefragt manche Episoden aus ihrem jetzigen Leben (u. a. von scharfen Rasierklingen und ihrem Straßenmarsch, die Suizidgedanken zu verdrängen). Ich stelle fest: sie kämpft wie verrückt, hat aber viele Probleme.

10. September 2011

In Gesprächen mit Judiths Bruder Frank und Nora kann ich viel verarbeiten. Gerade Nora bestärkt mich in der Annahme, dass Judiths Trennungsentscheidung mit der starken Depression zusammenhängt. Die Erkrankung ist so blöd: Die Betroffenen wissen, dass sie keine schwerwiegenden Entscheidungen treffen sollen, viele tun es aber doch – weil sie wahrscheinlich nicht anders können.

12. September 2011

Trotz totaler Müdigkeit möchte ich endlich wieder zu Stift und Papier greifen. Die Abwärtstendenz hält an. Nichts von der Euphorie der Tage nach der Entlassung aus dem Krankenhaus ist übrig geblieben. Gleichgültigkeit, Hoffnungslosigkeit, Kraftlosigkeit – alles wie Anfang April. Ganz tief im Hinterkopf verborgen ist die Hoffnung: Nach jedem Tief kommt irgendwann ein Hoch.

20. September 2011
Heute war keine Kommunikation möglich. Ich bemerke an Judith eine Zerfahrenheit und Oberflächlichkeit bei der Wahrnehmung. Während meiner kurzen Reden hat sie immer irgendwelche Nebenarbeiten ausgeführt (Briefe geöffnet und überflogen, in Schränken irgendetwas gesucht, usw.). Meine kurze Frage – ihre kurze Antwort: es geht ihr schlecht.

Ende September 2011
Judith erzählte mir in einem Gespräch, dass sich ihr Zustand verschlechtert hat. Eigentlich so, wie im Frühjahr – Antriebslosigkeit als Dominanz. Die geplanten und erprobten Arbeiten (Reinigungstätigkeiten) musste sie abbrechen, da sie es nicht leisten konnte. Anfang Oktober hat sie einen Termin bei Frau Kunze und möchte auf eine Medikamentenveränderung drängen. Die Psychotherapie hat zwar begonnen, die Therapeutin äußert sich aber wie der Fachmann in Auensee – Sie wissen ja alles.

7. Oktober 2011
Heute bin ich gegen 10.00 Uhr in Michaels Büro aufgeschlagen. Nadja war schon da. Beim gemeinsamen Frühstück ging es auch um meine

Depression. Michael liest weiterhin Blogs zum Thema. Als er einen Beitrag von „Frau Rossi" sinngemäß erzählt, sage ich spontan: „Ich bin Frau Rossi." Bin ich natürlich nicht, aber ihre Worte sind mir wie aus dem Herzen gesprochen. Unglaublich! Wieder einmal verstehen Michael und Nadja viel von meinen Problemen.

Zu Hause in meiner kleinen Bude angekommen geht's mir wie Frau Rossi: ICH FÜHLE NICHTS. Keine Freude, keine Traurigkeit, keine Fröhlichkeit, keine Zufriedenheit. Gar nichts. Ob ich einfach beide Medikamente absetze? Ich weiß, das soll man nicht tun. Aber wenn sie sowieso nichts bringen, kann ich doch wenigstens auf die lästigen Nebenwirkungen verzichten. Das Leben aller anderen rauscht so an mir vorbei.

9. Oktober 2011

Das Gespräch mit Fr. Kunze brachte keine Veränderung in der Medikamentierung. Leider ist auch keine Veränderung der Situation zu erkennen. Nach eigener Aussage hat Judith keine Suizidgedanken, weiß aber überhaupt nicht, wozu das Leben da ist.

11. Oktober 2011

Ich versuche, irgendwie zur Ruhe zu kommen und einzuschlafen. In dieser Zeit gehen mir viele, zwar unsortierte, aber klare Vorstellungen, durch den Kopf. Es ist ungefähr so, als würde ich sie jemandem erzählen, in ausformulierten Sätzen. Da der Schreibtisch übervoll ist, mache ich es mir heute auf der Couch gemütlich. Einkuscheln in eine Decke, Kerze anzünden – und alles was im Kopf kreiselte ist weg. Ich lasse mir etwas Zeit, dann werden die Gedanken schon zurückkehren. Aber nichts passiert.

Zu Beginn meines Klinikaufenthaltes im Frühjahr klagte ich oft über wirres Kreisen der Gedanken. Wenn mich aber jemand danach fragte, konnte ich nichts sagen. Sie waren einfach weg. Herr Adam hatte ein Bild zur Hand, das mir bis heute hilft: „Stellen sie sich vor, sie stehen direkt am Netz eines Tennisplatzes. Und nun versuchen sie, den Ball zu verfolgen. Geht das?" „Nein." „Und genauso ist es mit ihren Gedanken. Die sind so schnell wie Tennisbälle. Sie können sie nicht festhalten." Genauso ist es heute.

Später stellt sich die von der Reha bekannte Gleichgültigkeit ein. Ich hätte niemals vermutet, dass sich dieses Desinteresse jedem und allem gegenüber noch steigern könnte. Das ist aber so. Völlig unbeteiligt nehme ich das Leben um mich herum kaum wahr. Manchmal kommt es mir so vor, als würde ich auch mein eigenes Leben von außen betrachten. Mit Verwunderung stelle ich fest, dass ich überhaupt noch etwas tue. Ich kann nicht sagen, dass mich negative Vorstellungen „runterziehen". Ich fühle einfach nur Leere und Kraftlosigkeit. Derzeit möchte ich nicht telefonieren. Ich wüsste nicht, was ich erzählen sollte und Neuigkeiten von anderen interessieren mich nicht. Keine Ahnung, wie lange diese Eintönigkeit noch dauern soll. Also kommen erneut Zweifel an den Medikamenten auf. Bewirkt Venlafaxin, das ich seit Beginn der Reha nehme, dass ich mich wie abgeschottet unter einer Glasglocke befinde, quasi ohne Kontakt zur Umwelt? Was soll Cymbalta bringen? Und die sogenannte Phasenprophylaxe Lamotrigin? Ich spiele gedanklich zwei Varianten durch: Entweder setzte ich drei, vier Tage vor meinem nächsten Termin bei Frau Kunze alles ab oder ich lasse mir einen Notfalltermin geben und bespreche erstmal meinen Plan mit ihr.

Ich erinnere mich sehr genau an meine letzten Tage im Elisabeth-Krankenhaus. Während dieser Tage ging es mir so gut wie seit Jahren nicht. Sicher hat die Vorfreude auf den anstehenden Umzug eine Rolle gespielt. Aber immerhin habe ich so etwas wie Freude und Leichtigkeit empfunden. Ich habe meinen Mitpatienten nichts vorgespielt, sondern blickte tatsächlich voller Optimismus nach vorn. Auch den voraussichtlichen Schwierigkeiten bei der Arbeitssuche fühlte ich mich gewachsen.

23. Oktober 2011

Wie soll's weitergehen? Erstmals nehme ich früh einen Zettel zur Hand. Gleich im Bett beginne ich zu schreiben, bevor alle Gedanken verflogen sind: Aufwachen durch das Losfahren eines Autos – langes Überlegen, was für ein Tag ist – Blick auf den Wecker – draußen ruhig – also Sonntag – erste Tränen fließen.

Ich bin in letzter Zeit nicht nur wegen meines Lebens traurig, sondern der Wahnsinn in der Welt kommt noch dazu. Wer weiß, wie viele Kinder in Afrika während meiner Aufzeichnungen verhungern. In den deutschen Medien wird ständig über Milliarden (= 1.000 Millionen!) berichtet, die hin und her geschoben werden. Rettungsschirme werden auf- und zugeklappt. Und in Afrika sterben jede Minute Kinder. Auch der Wahnsinn, ständig Wachstum anzustreben und immer neues, besseres, schöneres aber eigentlich überflüssiges Zeugs herzustellen, nervt mich. Wir haben doch alles, was wir brauchen.

Meine früher so angenehme Gelassenheit ist heute unauffindbar. Stattdessen nerven mich Kleinigkeiten beträchtlich. Ein Nachbar hat gestern Blätter auf seinem Hof zusammen gefegt. Es waren vielleicht zwanzig bunt gefärbte Blätter. Kann er sich nicht einfach daran erfreuen? Zum Glück besitzt er vermutlich keinen der von mir absolut gehassten Laubbläser. Dann ertrage ich schon lieber das Geräusch von einem Besen. Gerade ist ein Auto vorbeigefahren, das auf seiner Kühlerhaube ein großes Foto eines Dackels drauf hatte. Wieso ist mir solcher Schwachsinn nicht einfach egal? Bisher war es so, dass ich mich darüber nur gewundert habe. Doch trotz meiner anhaltenden Gleichgültigkeit könnte ich mich über solchen Mist ungeheuer aufregen. Vielleicht liegt mein augenblicklicher Gesamtzustand am Reduzieren von Venlafaxin. Roman meinte gestern, dass es für Watte um uns herum sorgen soll (oder so ähnlich). Das würde ja bedeuten, dass ohne Venlafaxin meine Depression noch gewaltig präsent ist. Wird wohl so sein. Nur eine letzte Entscheidung kann mich von allem erlösen. Aber vorher muss ich unbedingt noch meine verstreuten handschriftlichen Notizen suchen und in der richtigen Reihenfolge zusammen heften. Was mache ich mit den Briefen? Die werde ich dazwischen packen.

Ich habe Hunger und esse eine Kleinigkeit, auch um die Medi zu nehmen. Zum Glück habe ich gestern alles zusammengestellt. In der Küche habe ich wirre Geistesblitze. Psychologischer Notdienst – Telefonnummer? – 11833 – schön, dass mir dank Verona die Nummer eingefallen ist – wird teuer – Kartoffelsuppe steht auf einer Plastedose – die steht aber beim Werkzeug – vermutlich ist weiße Farbe drin – ich verliere wohl tatsächlich meinen Verstand.

Ich muss erstmal schlafen. Danach wird vieles besser aussehen. Ist ja nur früh alles so schlimm. Wasser, Tavor und Mirtazapin nehme ich mit ans Bett. Ich weiß, Mirtazapin am Tag ist schlecht, also notfalls eine Tavor. Das Fenster schließe ich, da bald Autos fahren, Türen klappen, Hunde bellen, Leute reden und vielleicht auch Rasenmäher oder Laubbläser in Aktion treten. In der Aufzählung steckt sogar ein kleines Fünkchen Humor, finde ich. Also ist doch noch ein wenig Verstand da.

Der Schlaf ist tief und traumlos, so dass ich mich nachmittags ganz gut fühle.

31. Oktober 2011
Heute habe ich bis um zwölf geschlafen, anschließend gebadet und wieder geschlafen. Die Frühstück-Mittag-Vesper-Mahlzeit gegen halb vier bestand aus einer Tasse Kaffee und einem Becher Jogurt.

5. November 2011
Auf Hilferuf von Margit, der Nachfolgerin von Andrea in meinem Zimmer auf der C5, treffe ich mich schon am Nachmittag mit ihr. Wir wollen am Abend gemeinsam ins Theater gehen und so kann sie mir schon vorher, bei einem Spaziergang, ihr Leid klagen. Die Theatervorstellung ist leider ausverkauft und so beginnt ein wirklich mieser Abend. Wir gehen in den „Kartoffelkeller", die nächstgelegene Kneipe. Unfreundliche Bedienung und mäßiges Essen – irgendwie passte das alles. Wenigstens fragt Roman, der im Pub sitzt, per SMS an, ob wir noch vorbeikommen

wollen. Margit will nicht, ich schon. Ich versuche den Abend für mich zu retten. Vor allem möchte ich ein klein wenig Spaß haben. Mit Roman oder anderen Gästen plauschen und mein Elend kurz vergessen. An meine weiterhin bestehenden extremen Stimmungsschwankungen denke ich nicht. Ich nehme im Pub an Romans Tisch Platz, da verkünde ich gleich: „Ich werde wohl gar nicht lange bleiben." „Na dann geh doch." ist seine lakonische Antwort. Ich trinke ein Guinness und zahle.

Vom Schillerplatz aus laufe ich nach Hause um mich zu sortieren. Ohne Ergebnis. Das Gefühl der Überflüssigkeit ist vermutlich das stärkste. Ansonsten herrschen absolute Gleichgültigkeit und Hoffnungslosigkeit vor. Eine Glasscherbe ist definitiv besser als meine Damenrasierer. Ich habe immer noch keine andere Methode gefunden.

6. November 2011

Lieber Roman,

heute ist so ein Abend, an dem ich mir den Spruch an meiner Pinnwand „Gedanken sind nur Gedanken – keine Tatsachen." zu Herzen nehmen muss. Ich habe drei SMS an dich gesendet und keine Antwort erhalten. Also: es ist NICHTS passiert! Auch dein Handy hat einen Akku, der gelegentlich aufgeladen werden muss. Vielleicht hast du es auch einfach zu Hause vergessen.

Auch wenn es mir schwer fällt rede ich mir ein: Es ist alles in Ordnung, NICHTS passiert. Wenn es geht, meldest du dich.

Mit meiner SMS „Wo bist du?" wollte ich wissen, ob du im Pub bist. Nach meinem gestrigen plötzlichen Verschwinden bin ich bis nach Hause gelaufen. Ich musste meinen Frust, meinen Ärger, meine Verzweiflung, meine Unruhe mit einem Gewaltmarsch abreagieren.

Wahrscheinlich ist es gut, dass ich dich heute nicht erreiche. Sonst hätte ich mich vielleicht mit Guinness und Whiskey betrunken. Nun sitze ich allein zu Hause und bin einfach nur traurig. Nachdem ich mir eine DVD von Bruce Springsteen mit seinem Knackarsch und sehr ansehnlichen Armmuskeln unter den hochgekrempelten Ärmeln seines weißen Hemds angesehen habe bin ich jetzt bei R.E.M. gelandet. Diese Bösewichter haben sich ja, ohne mich zu fragen, unlängst einfach so getrennt.

Michael Stipe ist jetzt bei „Loosing my religion" angekommen. Das ist von 1990. Meine jüngere Tochter hat mich sozusagen zum Fan von R.E.M. gemacht, da sie als Baby nachts kaum schlafen wollte. Ich habe also viele Nächte lang MTV (noch ohne nervende Klingeltöne!) geschaut und den Mann mit der außergewöhnlichen Stimme lieben gelernt.

Mittlerweile ist es fast Mitternacht. Du hast dich noch nicht gemeldet. Aber ich weiß ja, es ist

NICHTS Schlimmes passiert.
Liebe Grüße, J.

14. November 2011

Heute war Reha-Nachsorge. Für diese wöchent-
liche Gruppentherapie habe ich mich am Ende
der Reha in der Klinik Auensee entschieden. Der
Ablauf ist wie bei anderen Gruppengesprächen
auch: Eingangsrunde, Themenvorschläge zusammen tragen, diese beackern und Schlussrunde. Ich sage nur einen Satz: „Ich habe eine Woche rumgebracht." Etwas anders formuliert: Sieben Tage Tristesse wie seit Wochen. Für Freitag
habe ich mir einen Notfalltermin bei Frau Kunze
versorgt. Ich habe konkrete Fragen bzw. Vorschläge dabei: Tagesklinik? Tagespatient? Anderes Medikament? Zusätzliches Medikament?

18. November 2011

Leider ist Frau Kunze krank und mit einem anderen Psychiater aus der Ambulanz möchte ich
nicht reden.

20. Dezember 2011

Ich weiß nicht, wodurch ich langsam den Verstand verliere: durch die Depression oder durch
die Medikamente und ihre Nebenwirkungen. Ich
werde bis zum Jahresende alle Medikamente
langsam ausschleichen. Ich weiß, das soll man
nicht tun. Aber es geht nicht anders. Ich MUSS

herausfinden, ob meine extreme Gleichgültigkeit von der Depression kommt oder mit den Medikamenten zu tun hat.

28. Dezember 2011

Bis heute war's ein ganz schönes Auf und Ab mit Stimmung und Antrieb. Übelkeit, extreme Hitzewallungen, starke Kopfschmerzen, Gliederschmerzen kamen dazu. Früher dachte ich, dass man nach schnellem Absetzen von Psychopharmaka schwer depressiv wird und aus dem Fenster springt. Ist aber nicht so. Man bekommt „nur" Probleme mit dem Kreislauf. Das geht ja noch. Da ich vier Uhr immer noch wach bin beschließe ich, gleich parallel zum Ausschleichen der Medi einen Schlafentzug zu machen. Das ist vielleicht riskant, aber was soll's. Ich ziehe mich also an und setze mich an den Rechner, um meine Musik auf PC, MP3-Player und diversen CDs zu ordnen. Anfangs vergeht die Zeit gar nicht, aber je mehr ich mich vertiefe, bald nicht mehr in Musik, sondern Depri-Dateien, desto erstaunter bin ich beim Blick auf die Uhr. 7.30 zeigt sie an. Ich wundere mich, wieso es draußen noch dunkel ist. Ich habe diese Uhrzeit seit Wochen nicht mit offenen Augen erlebt. Irgendwann wird es dann doch noch hell und ich schalte den Rechner aus. Ich muss was Aktives tun. Aufräumen ist ja immer notwendig. Zunächst begebe ich mich an die frische Luft. Ich brauche keinen Sonnenschein, um spazieren zu gehen. Das Wetter ist mir vollkommen egal. Ich bin fast drei Stunden mit flinken Füßen in meinem Sprengel unterwegs und fühle sogar ein kleines bisschen Stolz. Ich habe es geschafft, ohne Termin meine Wohnung zu verlassen. Einfach so. Nur um draußen zu sein. Nach Schlafentzug in der letzten Nacht. Und ganz ohne Medikamente.

Nach abwaschen, bügeln, abtrocknen, Wäsche aufhängen und sogar Staub saugen spüre ich keine Anzeichen von Schwäche oder Traurigkeit. Auch abends um zehn bin ich noch gut drauf und keineswegs müde. Gedanken wie, „Das ist sicher kein gutes Zeichen." versuche ich zu verdrängen. Heute war ein guter Tag. Und Basta. Ich werde irgendwann übermüdet einschlafen und morgen ist ein neuer Tag.

30. Dezember 2011

Ich glaube in den letzten Tagen bin ich um Jahre gealtert. Vielleicht haben die Medikamente auch konserviert. Da die zwei Spiegel in meiner Wohnung nur an die Wand angelehnt stehen, brauche ich sie nicht zuzuhängen. Ich drehe sie einfach um. Morgen muss ich irgendwie besser aussehen. Immerhin steht mein 54. Geburtstag an.

31. Dezember 2011

Vor Weihnachten hat Judith begonnen, die Medikamente auszuschleichen. Eventuell ging das zu schnell, sie fühlt sich sehr schlapp, noch immer ohne Gefühle und Interessen. Gestern ging der Weg nur zwischen Bett, Toilette und Küche hin und her. Bestimmt macht sie sich auch weiterhin Sorgen. Zum Beispiel, dass die Schmerzen bei unserem Jahreswechselurlaub 2007/2008 in Weißenstadt aus heutiger Sicht eindeutig auf die Depression zurückzuführen sind. So fügen sich die Puzzleteile immer weiter zusammen und zeigen das grauenvolle Bild einer äußerst schweren Depression.

2012

7. Januar 2012

Lieber Michael, liebe Nora, liebe Nadja,
nach meinem mündlichen Statement am 24. Dezember letzten Jahres möchte ich heute schreiben, wie´s mir so geht. Michael, dank deiner Unterstützung kann ich ja den PC nutzen. Heiligabend war ich noch beim „Ausschleichen" der damals aktuellen Medikamente. Allerdings verdient meine Aktivität ganz und gar nicht die Bezeichnung „Schleichen". Ich habe Antidepressivum und vor allem Lamotrigin als Phasenprophylaxe viel zu schnell abgesetzt. Entzugserscheinungen wie bei einem kalten Entzug haben mich demzufolge ereilt. Zittern, Frieren, Schwitzen – im kurzen Wechsel oder sogar gleichzeitig, körperliche Schwäche und Schwindel, heftiges Herzklopfen, extremes Anspannen der Arm- und Beinmuskulatur und Beklemmung in der Brust sind nur einige meiner Befindlichkeiten der letzten Tage. Zum Glück habe ich´s gestern in das Elisabeth-Krankenhaus. geschafft. Vom Arzt für Notfälle (Frau Kunze ist krank) kam ganz und gar kein Vorwurf wegen meiner übereilten Aktion. Ich bin mit seiner Empfehlung einverstanden, Lamotrigin vorerst langsam „einzuschleichen". Keine Ahnung, ob sich das so nennt. Auf jeden Fall werde ich seinen Vorschlag beherzigen. Sein detaillierter Plan für die nächsten Tage

hängt jetzt am Küchenbuffet. Zum Glück hat er selbst alles aufgeschrieben. Ich glaube ich hätte keine kleine Tabelle mit Datum und Dosis erstellen können. Nächste Woche ist hoffentlich Frau Kunze wieder da. Zu ihr werde ich, genauso wie gestern zu Herrn Decker, meine Notizen mitnehmen. Ich muss mir immer einreden, dass meine Vergesslichkeit ja „nur" Pseudodemenz ist, das heißt vorübergehend. Die Schmerzthematik ist durch das zu schnelle Ausschleichen etwas in den Hintergrund getreten. Ist vielleicht doch was dran, dass der Mensch nur die stärksten Schmerzen wahrnimmt. Glücklicherweise ist es immer noch so, dass die Schmerzen bei mir erträglich sind und auch nicht über Tage andauern. Neben Kopf- und Rückenschmerzen, die sowieso fast jeder kennt, plagen mich besonders „Nervenschmerzen" (nenne ich so) in Armen und Beinen sowie im Gesicht. Den nahezu ständigen Druck auf die Augen möchte ich zwar nicht als Schmerz bezeichnen, aber er ist extrem belastend. Ich habe permanent das Verlangen, einfach nur die Augen schließen zu müssen.

Obwohl ich am PC schreibe möchte ich gedankliche Sprünge nicht verhindern. In den letzten Monaten habe ich vorwiegend folgende Sätze gedacht, manchmal auch gesagt: „Ich muss jetzt hier raus." Dann musste ich, auch für andere unverständlich, sofort verschiedenste Räumlichkeiten verlassen. Das ging von einem Super-

markt oder einer Kneipe über eine volle Straßenbahn bis zu Romans Wohnung, in der ich schon
im Schlafsack lag, um bei ihm zu übernachten.

„Das ist mir jetzt alles zu viel." Gilt besonders
im Zusammenhang mit PC-Anwendungen, aber
auch komplexen Sachverhalten im Alltag. Ihr
wisst ja: Einrichtung meines Kontos, Renten-
und Krankenversicherung … Ich kämpfe ja seit
Jahren mit der immer weiter steigenden Informa-
tionsüberflutung.

„Ich kann jetzt einfach nicht mehr zuhören." Soll
heißen, dass ich weitere Worte und Informationen nicht mehr aufnehmen kann. Diesen Satz
habe ich gelegentlich nicht nur gedacht, sondern
auch gesagt.

Und last but not least: „ICH GLAUBE JETZT
VERLIERE ICH ENDGÜLTIG DEN VER-
STAND." Gerade hilft mir auch die schöne bildliche Darstellung von Herrn Adam, einige (oder
viele?) meiner Tentakeln seien zu kurz, um Informationen aufzunehmen und ans Gehirn weiter
zu leiten, nur wenig.

Liebe Grüße

Judith

Im Januar 2012 habe ich eine Möglichkeit gesucht, sporadisch unterschiedliche Personenkrei-
se über meine Befindlichkeiten zu informieren.
Ich wollte mich ja nicht vollständig und von al-
len für immer zurückziehen. Zum Glück ist mir

dann das „Blitzlicht" eingefallen. Dieses Wort findet oftmals in Gruppentherapien Anwendung. Zu Beginn einer Stunde schildert jeder Teilnehmer wie es ihm jetzt, genau in diesem Augenblick, gerade geht. Und genau das möchte ich zukünftig tun: Ich möchte erzählen wie es mir gerade geht. Dank E-Mail kann ich die Empfänger bei jedem Blitzlicht neu auswählen. (Mit „Hallo ihr drei" sind immer Michael, Nora und Nadja gemeint.)

Blitzlicht vom 9. Januar 2012
Hallo ihr drei,
bei der Reha-Nachsorge habe ich heute nur eine kurze Gastrolle gegeben. Ich huschte gerade noch vor der Eingangsrunde (ihr wisst ja mittlerweile alle Bescheid ...) auf einen freien Stuhl. Schon bei den Worten der ersten Patientin war ich kaum in der Lage zuzuhören. Zum Glück hat die Runde an der für mich günstigen Seite begonnen. Ich war die Vierte. "Kann ich Sie kurz fünf Minuten allein sprechen?" frage ich den Therapeuten. "Jetzt gleich?" "Ja." Das war der Dialog zwischen dem Therapeuten und mir. Ich konnte die Berichte der ersten drei einfach nicht ertragen. Klingt überheblich. Ich weiß. Aber mein gesamter Körper war in einer solchen Anspannung, dass ich keine 2 Minuten länger hätte sitzen bleiben können.
Ich werde nächsten Montag ein Einzelgespräch

haben, und dann sehen wir weiter. Zu Hause angekommen, packt mich plötzlich großer Elan, mal wieder aufzuräumen. Nach etwa 30 Minuten war ich zwar platt, aber jetzt sieht es im kleinen Zimmer etwas besser aus. Da ich gegenwärtig keinerlei ernsthafte Anstrengungen unternehme, meinen Schlaf-/Wachrhythmus zu normalisieren, bin ich gegen neun ins Bett und habe auch etwas geschlafen. So wird's jetzt erstmal weitergehen. Wenn ich müde bin lege ich mich hin. Egal ob es Tag oder Nacht ist.

Liebe Grüße

Judith

10. Januar 2012

Ich mache gerade keinerlei Pläne, lebe sozusagen in den Tag hinein. Am Nachmittag marschiere ich einfach los. Auf der Pirnaer Landstraße Richtung Elbe. Ich fühle mich wohl, friere nicht und schwitze nicht. Aber die belastenden Hirngespinste lassen nicht lange auf sich warten: Ich spaziere hier so durch die Gegend und Michael und die Mädels müssen ihr stressiges Tagewerk verrichten.

Mir fällt es gelegentlich sehr schwer, Depression als Krankheit zu akzeptieren. Ich habe weder ein Bein gebrochen noch wurde ich am Blinddarm operiert. In beiden Situationen wäre klar: Nach einigen Wochen oder Tagen bin ich fit; bin wieder die Alte. Aber ich mit meiner Depression?

12. Januar 2012

Heute ist einiges schiefgelaufen. Ich hatte Michael so verstanden, dass er 18.30 Uhr in Laubegast eine Wohnung besichtigen kann und bin davon ausgegangen, dass er anschließend zu mir kommt. War leider falsch. Er ist 17 Uhr bei mir aufgeschlagen: ich nicht da, Nadja nicht da. Da ich nach dem anstrengenden Termin bei Frau Kunze, die doch heute tatsächlich das schreckliche Wort „Elektrokrampftherapie" gebraucht hat, in der Straßenbahn eingenickt und deshalb zu weit gefahren war, kam ich noch später zu Hause an. Nadja saß leicht verstört auf dem Sofa, Michael mit grauem Gesicht und sicher auf 180 im Sessel. Trotzdem besprachen wir in Ruhe die Dinge, die geklärt werden mussten. Schon beim Verabschieden der Beiden stand mir das Wasser in den Augen. Nadja hat's sicher bemerkt. Ist aber auch zu blöd gelaufen. Michael tut mir unsagbar leid. Auf Arbeit dreht er sich endlos und an der Büro- und Wohnungssuche verzweifelt er. Bis Ende März müssen das Büro in Pieschen und die Wohnung in Klotzsche leer sei.

14. Januar 2012

Letzte Nacht hat der Schlaf von zwölf bis vier gedauert. Hatte ich lange nicht. Wenn ich nicht schlafen kann quäle ich mich nicht erst ewig im Bett, sondern stehe gleich auf. Das ist weniger anstrengend als im Bett zu liegen und zu grübeln. Einen kräftigen Energieimpuls gegen acht nutze ich für einen Gang zu EDEKA. Heute ist Samstag. Das Wochenende steht bevor. Also müssen Nahrungsmittel beschafft werden. Der Bauch knurrt schon vor Hunger, aber ich habe auf nichts Appetit. Also landen wie schon oft Schattenmorellen, Griechischer Krautsalat, Rote Beete, Saft, Milch und Käse im Wagen. Weil ich mich nicht entscheiden kann, was ich nehme, benötige ich eine halbe Stunde für diesen Einkauf. Der Einkaufsbeutel fällt mir im Korridor aus der Hand und dort steht er noch. Das spart auch Energie: Man muss die Lebensmittel nicht erst in den Schrank räumen. Man kann sie auch aus dem Beutel nehmen.

15. Januar 2012

Wenn ich mich damit abfinde zukünftig nicht mehr arbeiten zu gehen, kann´s so bleiben. Monatelang immerzu Aufräumen, in Bücher und Filme abtauchen, die Wohnung umgestalten (Vase von Ort A nach Ort B stellen, Bild aufhängen und abnehmen usw.), absolute Spontanität, niemandem was erklären oder begründen müssen, mich nicht verstellen müssen. Nur eines fehlt: Ich möchte gern Freude empfinden; einfach nur Freude.

Seit Monaten höre ich regelmäßig „Geboren um zu leben" von Unheilig. Heute hat es eine Gedankenspirale in Gang gesetzt: September 2005

– mein Vater stirbt, Dezember 2006 – meine Schwiegermutter stirbt, Januar 2011 – meine Mutter stirbt, Februar 2011 – mein Schwiegervater stirbt. Und plötzlich ist meine Elterngeneration nicht mehr da. Ich kann sie nichts mehr fragen. Sie können nichts mehr erzählen.

16. Januar 2012
15.00 Uhr Nach meinem plötzlichen Verschwinden bei der Reha-Nachsorge vor einer Woche findet heute mein Einzelgespräch statt. Ich habe unbegrenztes Vertrauen zum Therapeuten. Allerdings geht es mir keineswegs besser als letzten Montag. Alles und jeder nervt mich. Ich kann mir tatsächlich vorstellen, einfach weiter so in den Tag hinein zu leben. Auf meine Frage, ob denn die Tagesstruktur wirklich so wichtig sei antwortet er dreimal, weil ich dreimal nachgefragt habe: „Ja." „Ohne einen geregelten Tagesablauf werden Sie weiter abrutschen." Als aktuelle Aufgaben bekomme ich folgende: Psychotherapie und Tagesklinik müssen her. Zu Hause angekommen lese ich erstmal im Internet nach, was Tagesklinik bedeutet.
22.00 Uhr Per Mail teile ich Roman mit, dass ich mich mehr um meine Tagesstruktur und einen normalen Schlaf-Wach-Rhythmus kümmern soll.
2.00 Uhr Wach und keine Chance wieder einzuschlafen; also essen, schreiben, weinen, fluchen – eine schöne bunte Mixtur

4.00 Uhr Immer noch wach – ich hänge in der Bettecke und weiß nicht weiter, schlafe dann aber doch ein; bis gegen 10.00 Uhr
So einfach wird´s vielleicht nichts mit einem normalen Schlaf-Wach-Rhythmus.

18. Januar 2012
Liebe Andrea, lieber Roman,
ich glaube ihr seid die einzigen, die mich wirklich verstehen! Das möchte ich euch einfach mitteilen. Die Erinnerungsstücke an euch sitzen in trauter Zweisamkeit auf einer Lautsprecherbox auf meinem Schreibtisch. Das aufrecht sitzende Schaf von Andrea lasse ich mal das rechte über das linke, mal das linke über das rechte Bein schlagen. Und Romans Chamäleon streckt gelegentlich seine Zunge raus.
Heute werde ich nicht mailen oder SMS schreiben, sondern den Brief ausdrucken, in einen Umschlag stecken, eine Briefmarke draufkleben und eigenhändig in einen Briefkasten werfen. Meinen ursprünglichen Plan, den Brief handschriftlich zu verfassen habe ich verworfen, weil ich dann ja alles hätte zweimal schreiben müssen.
Roman, du weißt, dass ich heute Abend zwecks Spannungsabbau um den Block laufen musste. Wind, Regen und Dunkelheit haben mir gut getan. Zwei Stunden dachte ich ungestört über den ganzen Mist nach. Ich zweifle besonders an der Notwendigkeit einer strengen Tagesstruktur. Sie

kostet mich so unheimlich viel Kraft. Wenn ich in absehbarer Zeit sowieso nicht arbeiten gehen werde – wozu dann? Ich habe aber auch Momente in denen ich glaube, jetzt ist der Knoten geplatzt, jetzt geht's aufwärts, jetzt kann ich loslegen, kann mein Leben neu organisieren. Wenn ich dann aber „loslege", was ganz einfach nur bedeutet meine Wohnung aufzuräumen, bin ich nach kurzer Zeit so kaputt, dass gar nichts mehr geht. Zur körperlichen Schwäche kommen dann sofort Verzweiflung und Traurigkeit. Immer öfter überlege ich: „Warum soll ich mich eigentlich weiter anstrengen?" Ich habe sowieso keine Energie und auch keine Lust mehr zu kämpfen. Bleibt alles so wie seit Monaten. Die Tage vergehen einer wie der andere; mal schnell, mal langsam. Und ich beobachte das Leben um mich herum völlig teilnahmslos.

Ich möchte jetzt nicht weiter rumjammern, aber manchmal ist alles so trostlos … Ich habe, von der Depression abgesehen, keinerlei Probleme auf dem Tisch. Kann ich da nicht einfach gesund werden? Oder kann es mir etwas besser gehen? Könnt ihr mir das sagen??

Jetzt (4.42 Uhr) muss ich langsam das Ende meines vielleicht überflüssigen, aber von Herzen kommenden Briefes erreichen. Statt der Maus greife ich zum Weinglas, um zu scrollen.

Ganz liebe Grüße an euch beide

von der Judith

P. S.

Ich würde mich sehr freuen, wenn ihr mich im zugegebenermaßen nicht gerade attraktiven Dresdner Stadtteil Leuben besuchen würdet. Wir können ja auch ins benachbarte Laubegast spazieren. Für „urbane Einsamkeit" ist Leuben aber sehr gut geeignet. Passt auf, dieser Begriff wird demnächst mehrfach in den Medien auftauchen. Ich habe dafür ein Gespür. In meiner hübschen kleinen Wohnung könntet ihr auch sehen, mit welchen Hilfsmitteln ich arbeite, um die Vergesslichkeit einigermaßen zu bekämpfen. Gegen das Verlegen und anschließende nervenaufreibende Suchen habe ich noch kein Hilfsmittel gefunden. Ihr?

P. S. zum Zweiten

Andrea, du kennst eine Geschichte von Roman vielleicht noch nicht: Während einer WG-Party in der Neustadt ging plötzlich der Vorrat an Getränken zur Neige. Roman schnappte sich einen Korb der Gastgeberin und stiefelte zum nächstgelegenen Spätshop. Er trat ein und der folgende Dialog fand statt:

Inhaber „Na, bei der Ergo im Korb gewesen?"

Roman: „Ne, im Ton."

Inhaber: „Ich war im Holz."

Abgefahren, oder? Und nur für Insider überhaupt verständlich. Roman, ich hoffe, dass ich aus dem Nähkästchen plaudern durfte und dass es sich tatsächlich in etwa so zugetragen hat.

20. Januar 2012

Die Internetseiten meiner Dienstleistungsfirma sind noch online. Und völlig unfassbar für mich melden sich im Januar zwei Interessentinnen für den Sortierservice. Noch nie hat jemand sein Häkchen beim Sortierservice gesetzt. Und nun gleich zwei. Jahrelang habe ich darauf gehofft: Ordnung in ein chaotisches Büro oder in den Schriftverkehr einer Privatperson bringen, Ordner beschriften, ein klares Ablagesystem oder eine Hängeregistratur einrichten, alle losen Schriftstücke sichten und unterscheiden zwischen abheften und „kann weg". Meine früheren Chefs und später meine Kunden konnten sich vollkommen auf mich verlassen und fanden stets, auch wenn ich nicht vor Ort war, die Unterlagen die sie benötigten. Die „leidige" Ablageorganisation, die von vielen als lästiges Übel empfunden wird, war eine meiner angenehmsten Arbeiten. Wenn ich in Papieren wühlen konnte ging´s mir gut. Und nun bin ich nicht in der Lage, diese interessanten Aufträge zu übernehmen, weil mein Gehirn gerade kein strukturiertes Denken zulässt. Ich schaffe es nicht mal, meinen eigenen kleinen Schriftverkehr ordentlich zu sortieren.

Den persönlichen Erstkontakt bei beiden zukünftigen Kundinnen übernahm ich. Und das war sehr, sehr anstrengend. Eine Kundin wohnt am anderen Ende der Stadt, zur zweiten muss ich in die fünfte Etage steigen. Ich bin körperlich fast am Ende als ich klingele. Viel von den Dingen, die ich erledigen sollte, blieb nicht in meinem Kopf hängen. Ich durfte auf keinen Fall vergessen, mir eine Visitenkarte geben zu lassen, um die Kontaktdaten zu haben. Trotzdem schaffe ich es irgendwie, die Aufträge an Land zu ziehen. Selbstverständlich nicht für mich. Ich bin gerade schwer depressiv und kann kaum klar denken. Umso mehr blutet mir das Herz. Aber Nadja hat wohl das Organisations- und Ordnungsgen von mir bekommen. Sie kann sich als Studentin ein kleines Zubrot verdienen.

Blitzlicht vom 21. Januar 2012
Hallo ihr drei,
wenn der Körper meint dass 3,5 Stunden Nachtschlaf reichen, kann der Geist nicht viel machen. Da muss ich mir später gelegentlich ein kleines Mützchen Schlaf gönnen. Der Geist kann auch froh sein, vom schrecklichen Alptraum erlöst worden zu sein.
Nadja hat mich gefragt, ob ich mir Antworten/Reaktionen auf meine Blitzlichter wünsche. Nein, die sind nicht nötig. Und bitte keine Ratschläge. Am Mittwoch vor der Ergotherapie lasse ich wegen des Kaliumwertes Blut zapfen und am 23. sitze ich dann bei Frau Kunze. Die Schmerzsymptomatik hat sich erneut in den Vordergrund gedrängelt. Mir ist nicht klar, wie

eine GANZE Hand (die linke) schmerzen kann. Sie besteht doch aus so vielen "Einzelteilen" ... Vielleicht meldet sich auch wieder der rechte Oberarm und verhält sich so, als wäre er ein einziger riesiger blauer Fleck ...
Soweit meine heutige Wortmeldung.
Liebe Grüße, J.

23. Januar 2012

Heute ist Frau Kunze da. Wie immer mustert sie mich schon intensiv während ich ihr im Gang der Ambulanz entgegenkomme. Sie erkennt sofort, dass es mir dreckig geht. Den Plan ihres Kollegen, Lamotrigin als Phasenprophylaxe weiter zu nehmen befürwortet sie. Aber ein anderes Antidepressivum muss her. Einfach um Stimmung und Antrieb zu verbessern. Sie empfiehlt mir Aurorix, aus einer ganz anderen Gruppe als jene Medikamente, die ich bisher hatte. Gut. Dann hoffe ich auf bessere Zeiten. Und ganz nebenbei erwähnt Frau Kunze, ohne vom Therapeuten der Reha-Nachsorge zu wissen, dass eine geregelte Tagesstruktur wichtig für mich sei. Mein derzeitiges „Lotterleben" sei eher kontraproduktiv.

25. Januar 2012

Mir ist hundeelend und mein gesamter Oberkörper schmerzt. So als wäre eine schwere Erkältung im Anmarsch. Es ist als würde eine große Klammer meinen Brustkorb zusammen drücken.

Die Gefühle entsprechen dem körperlichen Zustand: Verzweiflung, Verzweiflung, Verzweiflung. Ich finde gar kein anderes Wort. Wenig später meldet sich mein rechter Arm. Schmerzen von der Halswirbelsäule bis in die Fingerspitzen. Ich bleibe aber (vorerst?) dabei, nur bei ganz unerträglichen Kopfschmerzen eine Schmerztablette zu schlucken.

Trotz aller Widrigkeiten rappele ich mich ganz langsam auf, um zur Ergo zu fahren. Und das trotz nahezu täglichem Druck auf Kopf und Augen. Vielleicht treffe ich in der Ambulanz Andrea und wir können plauschen.

29. Januar 2012

Das angenehme an meiner augenblicklichen Verfassung ist, dass ich kein schlechtes Gewissen bekomme, wenn ich etwas nicht geschafft habe. Es ist mir einfach nur egal. Die Gleichgültigkeit hat der Antriebslosigkeit sozusagen den Rang abgelaufen.

10. Februar 2012

Zwei Wochen Aurorix haben mir zusätzlich zu meinen sowieso vorhandenen Schwierigkeiten Übelkeit und Erbrechen beschert. Also ist Aurorix definitiv nicht die Lösung meiner Probleme. Dieser Meinung ist auch Frau Kunze. Durch meinen Umzug nach Leuben im letzten Jahr ist mittlerweile die Psychiatrie im St. Georg Krankenhaus für mich zuständig. Da eine Neueinstellung auf andere Medikamente ambulant schwer zu realisieren ist empfiehlt mir Frau Kunze, mich erneut auf Station zu begeben. Außerdem meint sie: „Die Ärzte im St. Georg Krankenhaus haben einen unvoreingenommenen Blick auf Ihre Symptomatik." Sie greift zum Telefonhörer und meldet mich an. Ich beginne zu weinen, aber wahrscheinlich ist es die einzige Möglichkeit, auf die Beine zu kommen.

16. Februar 2012
Ich habe Judith zum St. Georg Krankenhaus gebracht. Am 14. Februar musste sie nur hin- und herfahren, da die Klinik einen Norovirus hatte. Insgesamt ist ihr Zustand völlig am Boden. Wenig, bis keine Gedächtnisleistung, kein Antrieb, Zerfahrenheit, "Scheißegal"-Stimmung.

17. Februar 2012
Gestern war`s also abermals so weit: Ich habe mich erneut in die Psychiatrie aufnehmen lassen; diesmal im St. Georg Krankenhaus. Fast auf den Tag genau vor einem Jahr startete meine Reha in Auensee. Und ich bin seitdem kein Stück weiter gekommen. Desinteresse, Traurigkeit, Antriebslosigkeit und Verzweiflung sind meine vorherrschenden Gefühle. Hinzu kommen körperliche Schwäche, ständige Müdigkeit und starke Schmerzen im Rücken.

19. Februar 2012

Ich habe Judith im St. Georg Krankenhaus besucht. Beim kleinen Spaziergang vermochte ich kein konzentriertes Gespräch mit ihr zu führen. Sie ist sehr schwach und ohne Lebensmut.

23. Februar 2012

Im Januar ist der Film „Die Summe meiner einzelnen Teile" von Hans Weingartner im Kino angelaufen. Darin geht es um einen jungen Mathematiker, der nach einem Aufenthalt in der Psychiatrie seine Stelle verliert und sich anschließend mehr und mehr aus seinem bisherigen Leben zurückzieht. Ich habe interessiert mehrere Rezensionen gelesen und beschlossen, mir den Film trotz der bedrückenden Thematik anzusehen.

Nun liege ich im St. Georg Krankenhaus auf meinem Bett und kann mich nicht erinnern, ob ich den Film tatsächlich angesehen habe. Ich könnte einiges über ihn erzählen. Doch habe ich ihn auch gesehen, oder habe ich mir die Fakten nur angelesen? Die Frage treibt mich lange um: Ich kann doch nicht vergessen haben, ob ich den Film im Kino gesehen habe oder nicht. Doch alle Grübelei führt zu keinem Ergebnis. Ich weiß es einfach nicht. Also schreibe ich Roman eine SMS und frage, ob wir „Die Summe meiner einzelnen Teile" gemeinsam im Kino gesehen haben. Er denkt sich, das soll wohl ein Test sein und schreibt zurück: „Ja, den haben wir zusammen in der Schauburg gesehen. Was soll diese blöde Frage?"

29. Februar 2012

Aus der Fülle antidepressiver Medikamente die im Angebot sind hat sich der Psychiater bei mir für Saroten entschieden. Der Wirkstoff heißt Amitriptylin. Ich weiß wirklich nicht, wieso ich mir diesen komplizierten Begriff merken kann, aber nicht weiß, welchen Film ich vor drei Wochen gesehen habe.

Die Antriebslosigkeit ist so stark, dass ich mich geradezu zwingen muss, einige Sätze zu Papier zu bringen. Mir kommt es vor, als wäre ich schon seit vielen Wochen hier. Dabei sind es nur zwei Wochen. Ich habe ernsthaft überlegt, mich zu entlassen, da wegen des Norovirus alle Gruppentherapien ausfallen. Faul auf dem Bett liegen kann ich auch zu Hause. Eine Schwester hat mir zum Glück erklärt, wie froh ich sein kann, so schnell aufgenommen worden zu sein. Da hat sie freilich Recht. Außerdem ist noch nicht klar, ob das jetzige Antidepressivum genau das Medikament ist, das mir helfen könnte. Geduld ist also gefragt.

Einzeltherapien finden trotz Virus statt. Heute war ich zum zweiten Gespräch bei der Psychologin. Erneut habe ich Glück. Wir passen gut zueinander. Im Vorfeld habe ich einen Persönlichkeitstest absolviert und als Hausaufgabe meinen Lebenslauf anhand eines Zeitstrahls dargestellt. Auf der linken Seite des Strahls habe ich negative Ereignisse in meinem Leben notiert, auf der rechten positive. Schon beim Schreiben erlangte ich einen sehr interessanten Rückblick über mein gesamtes Leben. Und im Gespräch mit der Psychologin kamen weitere Erkenntnisse hinzu. Außerdem bekam ich von ihr die „Hausaufgabe" ein Glückstagebuch zu führen, das heißt, jeden Tag mindestens eine Situation zu notieren, in der ich glücklich war. Ziel dieses besonderen Tagebuchs ist es, wenn meine Stimmung kippt oder abrutscht in dem Buch zurück zu blättern, um mir schöne Augenblicke in Erinnerung zu rufen. Bei meinen echten oder eingebildeten Gedächtnisschwierigkeiten ist das eine Supergeschichte. Einfach zurückblättern und die Vergangenheit als Energiespender nutzen.

9. März 2012

Seit exakt sieben Tagen nehme ich Equilibrin, ein „modernes" Saroten mit weniger Nebenwirkungen. Der Wirkstoff heißt Amitriptylinoxid. Es hängt also im Vergleich zu Saroten einfach nur „oxid" hintendran und es ist ein Wunder eingetreten: Bereits vor der heutigen Wanderung habe ich verkündet, dass es mir heute besser geht als in den ganzen letzten Monaten. Kein Morgentief. Ich habe mit Appetit gefrühstückt und mich während der Freitagswanderung locker mit anderen Patienten und der uns begleitenden Schwester unterhalten. Bei den vergangenen Wanderungen war ich entweder weit vor oder weit hinter der Gruppe zu finden, nur um nicht sprechen zu müssen.

Irgendwelche Sauerstoffatome angehängt an Amitriptylin sind vielleicht meine absoluten Retter. Und selbstverständlich der Arzt, der die Eingebung hatte, mir Equilibrin zu verordnen. Es wäre ja gelacht, wenn ich den inaktiven oder falsch funktionierenden Botenstoffen in meinem Gehirn nicht auf die Sprünge helfen könnte.

Ich bin überglücklich und bekomme Wochenendurlaub. Meinen Rucksack, um morgen Vormittag nach Hause zu fahren, packe ich geradezu in Euphorie. Vorhin habe ich zwei große Schokoladen-Marienkäfer für die Mädels aus meinem Zimmer gekauft. Ich möchte sie ein klein wenig an meinem Glück teilhaben lassen und werde die Marinis heimlich auf ihre Kissen legen.

21. März 2012
Judith wurde gestern aus dem St. Georg Krankenhaus entlassen und wird ab 27. März die Tagesklinik besuchen. Meine Frage, ob sie gehen will oder muss beantwortete sie mit: „Beides."

Blitzlicht vom 24. März 2012
Ich habe meinen Optimismus wieder gefunden

und hege nach einem erneuten Klinikaufenthalt nun berechtigte Hoffnung auf dauerhafte Besserung. Ab Dienstag werde ich in der Tagesklinik des St. Georg Krankenhauses meine während des stationären Aufenthaltes begonnenen Therapien fortsetzen. Das heißt ich halte mich von 7.30 bis 15.00 Uhr in der Klinik auf, schlafe aber zu Hause. Die Belastung wird Stück für Stück erhöht, so dass ich irgendwann (hoffentlich) wieder voll einsatzfähig bin.

Ich grüße euch alle ganz lieb.

2. April 2012

Nun sind drei Monate im Jahr 2012 vergangen. Und ich nehme weiterhin kaum am „richtigen" Leben teil. Mir fehlt aber auch nichts. Die ersten vier Tage in der Tagesklinik habe ich gut überstanden. Das frühe Aufstehen macht keine Mühe. Nur der Rücken schmerzt früh besonders stark.

Am Freitagnachmittag rutscht meine Stimmung völlig unerwartet in den Keller. Ich fahre trotzdem direkt von der Tagesklinik zur Schauburg. Andrea und Roman sind schon da. Die Zeit bis zum Filmbeginn verbringen wir mit dem Austausch von Belanglosigkeiten. Keiner hat scheinbar Lust zu reden.

Schon nach wenigen Minuten befürchte ich, dass „Russendisco" kein Film für mich ist. Ich rutsche auf meinem Kinosessel hin und her, dann raune ich Andrea zu: „Seid mir nicht böse. Ich gehe jetzt nach Hause." und stehe auf.

Während ich an der Ampel stehe erhalte ich von Roman eine SMS: „Kannst du im Foyer auf uns warten?" Selbstverständlich warte ich. Da es erst 16.30 Uhr ist müssen wir nicht über einen Kneipenbesuch in der Neustadt, wo Thailänder, Pub, Italiener, Grieche usw. frühestens 17 Uhr öffnen, nachdenken. Also entscheiden wir uns für Romans Angebot, für uns zu kochen. Seine Wohnung befindet sich sowieso am nächsten zur Schauburg. Da er noch Zutaten fürs leckere Mahl kaufen muss gehen wir in den am Weg liegenden Supermarkt. Ich ertrug weder die vielen Leute noch das Suchen nach den Zutaten. Also kaufte ich eine Flasche Saft, bezahlte und wartete hinter der Kasse. Es dauert ewig, bis ich Andrea an der Kasse entdecke. Mit Tränen in den Augen sage ich ihr „Viele Grüße an Roman, aber ich muss jetzt allein sein." Ich mach mich per pedes auf den weiten Weg nach Hause.

Gegen 22.00 Uhr kommt eine SMS von Nadja, ob ich noch wach sei. Kurz darauf ruft sie an: „Papa hat gerade gefragt ob ich weiß wie´s dir geht. Könnt ihr das nicht unter euch klären?" Ganz deutlich höre ich den Vorwurf heraus und sicher hat sie Recht. Ich war am Abend nicht ans Telefon gegangen, als ich seine Nummer sah. Mir war ganz und gar nicht nach telefonieren zumute. Egal mit wem.

Am Samstagmorgen sende ich eine SMS an Mi-

chael: „Mir geht´s ganz gut. Wie geht's dir?"
„Ziemlich mies." lautet seine Antwort. Das glaube ich. Immerhin ist er in den letzten Wochen mit Wohnung und Geschäftsräumen umgezogen; und das alles neben dem Tagesgeschäft. Wie so oft in den letzten Monaten tut Michael mir sehr leid.

Blitzlicht vom 15. April 2012
Hallo ihr drei,
ich kann Gutes berichten: Der Ablauf in der Tagesklinik ist anstrengend, trägt dadurch aber zu einem normalen Schlaf-Wach-Rhythmus bei. Ich fühle mich im St. Georg Krankenhaus gut aufgehoben und die Therapien setzen sowohl bei seelischen als auch bei körperlichen Problemen an. Nächste Woche findet meine "Teamvorstellung" statt. Das heißt, alle Therapeuten und Ärzte der Tagesklinik legen gemeinsam mit mir Ziele und voraussichtliche Dauer meines Aufenthaltes fest. Gegenwärtig behindern mich starke Schmerzen im Bereich der Lendenwirbelsäule besonders bei den Entspannungsübungen. Ab Montag ist aber meine Physiotherapeutin wieder da. Mit ihr kann ich dann auch besprechen, ob Fahrradfahren trotz Knieschmerzen sinnvoll ist.
Ich wünsche euch einen schönen restlichen Sonntag und einen guten Start in die neue Woche.
J.

19. April 2012

Ich stelle oft fest, dass ich meine Gedanken nicht flüssig zu Papier bringen kann. Zwei bis drei Sätze, dann ist das Gehirn wie leergefegt. Ich beschließe also, das kurze und knappe Glückstagebuch weiter zu schreiben. Das reicht, um den Tag zu reflektieren und ist dank der Stichworte auch schneller nachzulesen.

Die Teamvorstellung dauerte nur 30 Minuten. Mit Rücksicht auf mein mieses Gedächtnis bin ich mit einem vorbereiteten Zettel in die Ansammlung von Ärzten und Therapeuten gegangen. Das war auch gut so. Folgende Therapieziele haben wir vereinbart: Rückfallprophylaxe, berufliche Wiedereingliederung, Aufrechterhaltung sozialer Kontakte sowie Umgang mit „unerklärlichen Tiefs".

3. Mai 2012

Die Schmerzen im Bereich der Lendenwirbelsäule und beiden Knien sind hartnäckig. Bei Entspannungsübungen, die mir wirklich sehr gut tun, muss ich immer die Beine hochlegen weil sonst die Schmerzen im Rücken keinerlei Entspannung zulassen. Und egal ob ich von einem Stuhl, Sessel oder Straßenbahnsitzplatz aufstehen möchte, ich muss mich irgendwo aufstützen. Ich verbuche diese gesamte Thematik aber unter psychosomatische Schmerzen. Sie werden also verschwinden wenn es mir besser geht.

Heute war ich bei einer denkwürdigen Gruppentherapie dabei. Anwesend waren sechs Patienten und Frau Petermann, unsere Psychologin. Sie hat heute nur zweimal gesprochen: sie hat uns begrüßt und verabschiedet. Alle anderen Aktivitäten, vom Blitzlicht über Themensammlung, Festlegung der Themenreihenfolge, Erfahrungsaustausch und Abschlussrunde haben wir Patienten allein absolviert. Da wir mit Frau Petermann schon einige Gruppengespräche hatten, wussten wir, dass „Mir geht´s gut." oder „Mir geht´s schlecht." weder in der Anfangs- noch in der Schlussrunde gilt. „Damit kann kein Angehöriger, Kollege, Freund etwas anfangen." meint sie. Gefühle müssen her! Und tatsächlich hat sie Recht. Ich glaube es ging heute beim ersten Thema um Vertrauen. Das ist für psychisch Kranke eine ganz wichtige Geschichte. Wem vertraue ich meine psychischen Probleme an? Meinen Eltern? Meinen Kindern? Meinen Kollegen? Kann ich zum Beispiel eine Depression verständlich erklären? An die anderen Themen kann ich mich nicht mehr erinnern. Vermutlich ging´s auch um Demütigungen in der Kindheit, denn ein Patient, ein kräftiger, mit Tattoos versehener junger Mann hat bei diesem Thema weinend den Raum verlassen. Zum Glück kam er nach wenigen Minuten zurück, so dass wir „sein" Thema noch besprechen konnten. In der Abschlussrunde fielen Wörter wie „aufgewühlt"

oder „traurig" oder „bedrückt". Und Frau Petermann machte uns anschließend das Kompliment,
noch nie so eine Gruppentherapie erlebt zu haben.

4. Mai 2012
Auch beim heutigen Arztgespräch werde ich auf
Lithium angesprochen. Ich weiß, dass Lithium
als Phasenprophylaxe weiteren depressiven
Rückfällen vorbeugen kann. Wenn da nicht die
belastenden Nebenwirkungen wären. An erster
Stelle steht zweifellos die dramatische Ge-
wichtszunahme. Außerdem treten häufig Händezittern sowie die Beeinträchtigung geistiger Be-
weglichkeit und Leistungsfähigkeit auf. Gerade
meine Unfähigkeit, komplexe Prozesse zu verstehen, dürfte sich unter Lithium weiter ver-
schlechtern. Andererseits weiß ich, dass es bei
vielen Patienten, die gut auf Lithium eingestellt
sind und die regelmäßig ihre Medikamente ein-
nehmen, zu keiner weiteren Erkrankungsphase
kommt. Die Krankheit wird nicht ausgeheilt,
aber der erneute Ausbruch wird verhindert.
Trotzdem sage ich zu Lithium erneut: „Nein."
Am Nachmittag sitze ich ganz zufällig im Klinikpark neben einer Patientin, deren bipolarer
Vater ihr quasi die manische Depression vererbt
hat. Beide nehmen seit Jahren Lithium. Ich berichte ihr von meinem heutigen Arztgespräch
und dass ich auch heute abgelehnt habe. „Wenn

es mir irgendwann schlechter gehen sollte werde ich Lithium nehmen." sage ich zu ihr. Doch ihre Antwort wirft alle meine Pläne über den Haufen. Sie meint ganz lapidar: „Dann ist es zu spät. Du musst mit Lithium beginnen wenn es dir relativ gut geht." Diese zwei Sätze einer Betroffenen haben meine Meinung zu Lithium komplett umgekrempelt. Vielleicht sollte ich ihr und den Ärzten einfach vertrauen und Lithium nehmen.

Beim nächsten Arztgespräch ließ ich mir Lithium verordnen und legte zum Glück „nur" sechs Kilogramm zu. Selbstverständlich hadere ich mit den Kilos, aber Frau Kunze brachte es später auf den Punkt: „Frau Nürnberger, wollen sie lieber schlank und depressiv oder mollig und fröhlich sein?" Da gibt es nur eine Antwort …

13. Mai 2012

Bei Judith scheint sich stimmungsmäßig eine gewisse Stabilisierung einzustellen. Die Schmerzen in den Knien und im Rücken geben aber nicht auf. Insgesamt ist ihr Gesichtsausdruck bedeutend besser, auch ihre Konzentrationsfähigkeit scheint sich zu verbessern. Heute ist der Stand so, dass sie wohl die Tagesklinik Mitte Juni beenden wird.

15. Juni 2012

Heute ist mein letzter Tag in der Tagesklinik. Ich fühle mich gut gewappnet für die Suche nach einem einfachen Teilzeitjob.

Den vorläufigen Abschlussbericht habe ich gleich mitbekommen. Natürlich verstehe ich nicht alles, was auf den drei Seiten geschrieben steht, das eine oder andere doch. „... Zu Beginn der Therapie zeigte sich, bedingt durch das erhöhte Maß an Anforderungen, eine Verschlechterung der Befindlichkeit, einhergehend mit Hoffnungslosigkeit, Stimmungsschwankungen und Verstärkung der Schmerzsymptomatik in Knie und Gesicht. ... Die Medikation mit Equilibrin führten wir in unveränderter Dosierung fort. Hierunter kam es jedoch zu keiner ausreichenden Stimmungsstabilisierung. ... Die Entlassung der Patientin erfolgt in ausgeglichener Stimmungslage mit gutem Antrieb in ihre ambulante Weiterbehandlung. Die Patientin gibt an, sehr von der tagesklinischen Behandlung profitiert zu haben. Sie plant, eine 20-stündige Beschäftigung aufzunehmen.“

30. Juni 2012

Judiths seelischer Zustand scheint sich weiter zu verbessern. Körperlich hat sie immer noch erhebliche Probleme mit den Knien. Heute haben wir 30 Minuten telefoniert. Obwohl es noch immer hörbare Probleme beim Formulieren gibt, laufen die Gespräche flüssiger ab. Eine Arbeit sucht sie noch. Vielleicht wird es doch was im Küchenbereich. Haushaltstätigkeiten kann sie wegen der Knieschmerzen derzeit nicht ausführen.

Blitzlicht vom 5. August 2012

Über Dresden schwelt ein schweres Gewitter ...

... deshalb möchte ich ganz auf die Schnelle ein Lebenszeichen geben. Mein Computer soll ja keinen Schaden nehmen.

Aller Voraussicht nach werde ich am 3. September in der Kantine einer großen Druckerei als Küchenhilfe anfangen. Der Probetag hat mir "gut gefallen". Er war anstrengend, aber Montag bis Freitag je 3 Stunden zu arbeiten erscheint mir machbar. Mein Gehirn wird dabei nicht übermäßig beansprucht. Daran seht ihr, wie der Genesungsprozess sich in die Länge zieht. Aber alles wird gut werden.

Liebe Grüße an euch alle
von der Judith

14. September 2012

Endlich ist Freitag. Die zwei Wochen in der Kantine haben erheblich geschlaucht. Beim Probearbeiten habe ich nicht mitbekommen, was für ein Zeitdruck herrscht:

- Bis 6:50 Uhr müssen die belegten Brötchen in der Auslage sein.
- Die Schlange an der Essenausgabe darf nicht zu lang werden.
- Die Wagen mit dem benutzten Geschirr müs-

sen zügig ausgeräumt und anschließend im Gang bereitgestellt werden.

- Die Essensreste und anderer Abfall müssen von den Tellern gekratzt werden.
- Das saubere Geschirr muss zurück zu den Ausgabestellen.

Und zum Schluss muss die ganze Küche für den nächsten Tag gesäubert und teilweise desinfiziert werden.

Für mich ist diese Arbeit seit dem ersten Tag der blanke Horror. Mein Erinnerungsvermögen lässt mich weiterhin verzweifeln. Die Wand über dem Vorbereitungstisch für die belegten Brötchen ist übersät von meinen Klebezetteln, die ich häufig umsortiere. Auf dem Weg ins Lager vergesse ich, welches Puddingpulver ich holen will. Beim Abwiegen des Pulvers weiß ich nicht mehr, ob ich vorher den leeren Behälter gewogen habe. Den verwinkelten Weg in die Kühlzelle finde ich nicht. Kellen, Schaumlöffel, Messer befinden sich - meiner Meinung nach - immer an anderen Stellen. Was freilich nicht so ist. Alles hat seinen festen Platz. Nur ich habe keine Übersicht.

Und dann ist da noch die Spülkraft. Sie hat endlich jemanden, der in der strikten Hierarchie noch unter ihr steht. Das lässt sie mich spüren. Zum Glück befinde ich mich in einer Art Schockstarre, verbunden mit ganz viel Gleichgültigkeit. Ich kann einfach nicht schneller arbeiten. Auch nicht wenn sie mich anmotzt. In Gedanken verfluche ich sie und versuche mich zur Ruhe zu zwingen.

Mir kommt es vor, als bewege ich mich in Zeitlupe und alle anderen im Zeitraffer. Außerdem festigt sich meine Vermutung, dass ich unter Zeitdruck gar nicht mehr werde arbeiten können. Es war schon früher so, dass ich unter Termindruck nicht gerade gut denken konnte. Ich habe mich deshalb stets bemüht, zeitliche Puffer einzuplanen. Die drei bis vier Stunden in der Kantine lassen das aber nicht zu. Von der ersten bis zur letzten Minute bin ich unter extremer Anspannung.

Als ich abends mit Andrea telefoniere wird mir klar, dass unsere Depressionen ziemlich ähnlich sind. Sie kennt die Verzweiflung genau: Man möchte alles richtig machen und schafft es einfach nicht.

Blitzlicht vom 21. September 2012

Hallo Ihr drei,

ich habe dem permanenten Zeitdruck in der Kantine nicht standgehalten und deshalb gestern das Handtuch geworfen. Da auch Konzentration und Gedächtnis noch nicht auf dem Stand sind, den ich erhofft hatte, musste ich die Reißleine ziehen. Sollte es die Personalsituation erfordern, gehe ich aber in der nächsten Woche noch arbeiten. Ich versuche die Geschichte nicht als Niederlage, sondern als Test, der nicht geglückt ist,

zu sehen. Die Belastung war einfach zu groß.
Liebe Grüße, Judith

8. Oktober 2012

Ich habe Michael heute mitgeteilt, dass ich an unserem 23. Hochzeitstag nicht mit ihm Mittagessen gehen möchte, dass ich auch keine Blumen geschenkt bekommen möchte, dass ich allein leben möchte und ... dass er nach einer anderen Partnerin Ausschau halten könne. Meine Gefühle sind danach sehr ambivalent. Vermutlich habe ich ihm abermals sehr wehgetan. Er tut mir leid. Andererseits meine ich alles wirklich so, wie ich es gesagt habe. Und ich bin erleichtert, dass ich es gesagt habe.

Meine Psychotherapeutin stärkt mir den Rücken: „Frau Nürnberger, Ihr Mann hat schon einige Krisen gemeistert. Auch diesmal wird er aus dem tiefen Tal klettern. Diesmal ohne Sie."

17. Oktober 2012

Nach der Kündigung meines Kantinenjobs reift bei mir die Erkenntnis, dass der erste Arbeitsmarkt wohl doch noch nichts für mich ist. Ich suche jetzt intensiv nach einem Ehrenamt und habe eines bei einer Kontakt- und Beratungsstelle für psychisch Kranke in Aussicht: zweimal pro Woche Frühstück für die Besucher zubereiten. Wie mir die Leiterin versichert, ohne jeglichen Zeitdruck oder Stress. Geld kann sie nicht zahlen, aber ich kann kostenfrei frühstücken. So viel wie ich möchte.

30. Oktober 2012
Zum Glück behält die Chefin der Beratungsstelle Recht. Es gibt keinerlei Stress beim
- Einkaufen
- Zubereiten
- Tische Eindecken
- Abkassieren
- Geschirrspüler Einräumen.

Das sind meine Aufgaben. Und alles schaffe ich mühelos. Wenn doch was schief gelaufen ist findet sich immer ein Mitarbeiter oder Besucher, der mir hilft. Und was das Wichtigste ist: ich fühle mich gebraucht und geachtet.

Ich beende mit dem heutigen Tag meine Aufzeichnungen und werde diese nur bei gravierenden Wendungen ergänzen. Judiths Zustand ist immer noch sehr angespannt. Körperliche Probleme wechseln sich mit den bekannten psychischen Schwierigkeiten ab. Sie hat mir zu verstehen gegeben, dass sich ihr Leben in absehbarer Zeit nicht ändern wird. Kontakt zu "normalen" Menschen meidet sie. In Gesprächen und bei Handlungen ist sie schnell überfordert. Ich hoffe, dass es anhaltend besser gehen wird, weiß aber nicht, wie es dazu kommen soll.

2013

Ich verspüre weiterhin den Wunsch, irgendwann in einem Büro arbeiten zu können. Das ist doch mein Ding. Durch Zufall erfuhr ich, dass in einer Begegnungsstätte der Volkssolidarität händeringend jemand für Belegerfassung bzw. Kassenbuch gesucht wird. Ich stellte mich vor und ab März hatte ich zwei Ehrenämter. Zeitdruck war auch bei der Volkssolidarität nicht vorhanden. Ich erfasste ganz in Ruhe die Daten, kontrollierte sie zweimal und hörte mir außerdem, weil ich im Raum der Chefin saß, die eine oder andere spannende Lebensgeschichte von Besucherinnen und Besuchern der Begegnungsstätte an.

In der Beratungsstelle durfte ich kostenfrei speisen; bei der VS erhielt ich 40 Euro pro Monat.

Außerdem besuchte ich auf Verordnung von Frau Kunze eine Arbeitstherapie. 90 Minuten pro Woche schliff und bemalte ich Puzzleteile aus Holz, um meine Konzentration zu verbessern. Die Arbeit gefiel mir und der Termin Freitagnachmittag passte wirklich wunderbar. Ich hatte meine „Arbeitswoche" geschafft und durfte mich aufs Wochenende freuen. Nach Jahren der Gefühllosigkeit empfand ich so etwas wie Stolz und Freude.

In meinen Aufzeichnungen vom 20. März 2013 steht: Es geht nicht gut, aber ich habe schon weitaus schlechtere Zeiten erlebt. Seit gestern habe ich von Montag bis Freitag mindestens einen festen Termin, den ich diszipliniert wahrnehme. Das Verlassen der Wohnung „einfach so" – „nur um draußen zu sein" fällt weiterhin schwer. In der Volkssolidarität schaffe ich mittlerweile zwei Stunden Arbeit am PC.

Parallel zu meinen Ehrenämtern versuchte ich, mich einem neuen Thema anzunähern: der Teilhabe am Arbeitsleben. Viele anstrengende Stunden am Rechner und Telefonate mit der Rentenversicherung und der Agentur für Arbeit musste ich aufwenden, um für mich etwas Licht ins Dickicht der Materie zu bringen. Die Teilhabe am Arbeitsleben kann man auch als berufliche Reha bezeichnen. Dieser Begriff erscheint mir logisch, weil ihr Ziel der Wiedereinstieg ins Arbeitsleben trotz bestehender gesundheitlicher Probleme ist. Am 2. Mai habe ich meinen „Antrag auf Teilhabe am Arbeitsleben" an die Rentenversicherung geschickt; ohne genau zu wissen, was sich dahinter verbirgt.

Ende April verabschiedete ich mich sowohl bei der Kontakt- und Beratungsstelle als auch der Volkssolidarität, denn ab Mai arbeitete ich nun täglich drei Stunden in einer kleinen Manufaktur. Ich führte einfache Montagearbeiten aus und erhielt dafür 100 Euro pro Monat. Meine Beweggründe für diese Tätigkeit waren die tägliche Arbeitszeit von 8.00 bis 11.30 Uhr, die eine feste Wochenstruktur sichert, und die lächerlichen 100

Euro pro Monat. Seit knapp drei Jahren lag ich Michael mittlerweile auf der Tasche. Und wenn er einen schlechten Monat hatte oder das Geld säumiger Kunden durch seinen Anwalt eingetrieben werden musste, gingen wir ans Gesparte. Er hat sich nicht ein einziges Mal bei mir beklagt oder beschwert. Er hält weiterhin zu mir.

Im Herbst wendeten sich einige Dinge zum Guten. Ende August war ich in der Ambulanz des St. Elisabeth-Krankenhauses und habe richtiggehend „gejammert", dass ich früh einfach nicht in die Gänge komme. Frau Kunze hat mit Elontril einen guten Griff getan. Auf jeden Fall verhalf es mir zu mehr Aktivität und Elan am Morgen. Vielleicht hat Elontril auch zur Verringerung meines Händezitterns beigetragen. Aber genau kann das niemand sagen. In meinen Notizen stand zwar weiterhin „müde, müde, müde", aber auch „kaum noch Schmerzen". Die ständige Müdigkeit ist auch mit viel Schlaf nicht zu verringern. Und vielleicht bin ich nicht müde, sondern erschöpft. Aber wovon?

2014

Ein dreiviertel Jahr nachdem ich meinen Antrag auf Teilhabe am Arbeitsleben verschickt hatte erhielt ich Anfang Februar, völlig unerwartet, den Bescheid: ich darf sechs Wochen an einer „Abklärung der beruflichen Eignung und Arbeitserprobung" teilnehmen. Deshalb kündigte ich in der Manufaktur und endlich tat sich für mich eine Tür in Richtung Bürotätigkeit auf. In den kommenden sechs Wochen sollte ich unter Beweis stellen, dass ich mindestens vier Stunden pro Tag arbeiten kann. Mich erwarteten verschiedenste Aufgaben. Genau solche Tätigkeiten, wie ich sie die längste Zeit meines Berufslebens erledigt habe: Postein- und Ausgang, Auftragsbearbeitung, Terminüberwachung, Lagerverwaltung, Ablage und ähnliches durfte ich erledigen. Ich war glücklich und schon nach wenigen Tagen sagte ich zu den anderen Teilnehmerinnen in meinem Zimmer: „Irgendwie fühle ich mich richtig aufgeblüht." Ich knüpfte neue soziale Kontakte und schnupperte nach vier Jahren endlich Büroluft. Im Ergebnis des Abschlussgespräches nach der Arbeitserprobung erhielt ich die Zusage für eine 11monatige berufliche Rehabilitation. Ziel dieser Reha ist der Wiedereinstieg ins Berufsleben nach langer Krankheit.
Und genau das wollte ich ja. Nachdem in der Arbeitserprobung viele Aufgaben theoretischer,

quasi simulierter Natur waren, unterstützte ich während des Beruflichen Trainings den Organisationsbereich und das Sekretariat des Trainingszentrums. Das war sozusagen „echte" Arbeit. Zwar ohne Zeitdruck und stets mit der Möglichkeit Hilfe zu holen. Aber immerhin. Ich musste mich in die neuesten Versionen der Standardsoftware sowie Browser und Mailprogramm einarbeiten. Alle Oberflächen sahen irgendwie anders aus als vor vier Jahren. Eine echte Herausforderung waren für mich die Dienste im Lager der Arbeitsbekleidung. Während der Öffnungszeiten kamen Teilnehmer der Bereiche Hauswirtschaft und Handwerk, um Berufsbekleidung auszuleihen oder zurück zu geben. Manchmal standen drei Personen im Zimmer. Das war für mich Stress pur. Nervosität ließ meine Hände zittern. Verschwunden geglaubte Wortfindungsstörungen tauchten wieder auf. Und gelegentlich stand ich regungslos da, ohne mich bewegen zu können. Trotzdem erledigte ich alle Aufgaben, die mir übertragen wurden, so gut ich es schaffte. Meinen Hang zum Perfektionismus habe ich tagtäglich bekämpft und ich schaffte es tatsächlich, nach Feierabend dann und wann zufrieden nach Hause zu fahren.

In den elf Monaten der beruflichen Reha stand mir ein psychosozialer Betreuer zu Seite. Mit ihm analysierte ich, wie stark ich mich belastet fühle, wie viele Stunden Arbeit pro Tag ich schaffe und wie ich versuche, ein Gleichgewicht zwischen Anspannung und Entspannung zu erreichen. Da ich noch kein Gespür entwickelt hatte, wann die Konzentration nachlässt, stellte ich für Pausen den Handywecker. In diesen fünf- bis zehnminütigen Pausen stand ich auf und ging „irgendwohin"; am besten natürlich ins Freie. Aber auch der Blick aus einem Fenster reichte. Ich konnte von einem Fenster aus auf den Garten einer Kita sehen. Einfach wenige Minuten das Gewusel der Kinder beobachten, und schon hatte ich Energie getankt.

Im letzten Quartal des Jahres standen 14tägige Praktika an, die von uns Teilnehmern selbst organisiert werden mussten. Zum Glück hatte ich bereits ein sehr gutes Bewerbungstraining durchlaufen, war also bestens vorbereitet. Das erste Praktikum absolvierte ich in einer Personalvermittlung. Meine Hauptaufgabe war das Einpflegen per Post oder E-Mail eingegangener Bewerbungsunterlagen in eine Datenbank. Das war eine angenehme Arbeit. Ich punktete mit meiner Gewissenhaftigkeit und der Arbeitgeber bescheinigte mir nach dem Praktikum Pünktlichkeit, Zuverlässigkeit und Freundlichkeit.

Das zweite Praktikum machte ich in einer Wohnungsverwaltung. In der ersten Woche sollte ich eingearbeitet werden, in der zweiten Woche plante die Sekretärin Urlaub. Als Arbeitszeit vereinbarten wir 10.00 Uhr bis 16.30 Uhr. Ähnlich wie im September vor einem Jahr in der Kantine war ich in der Wohnungsverwaltung schon nach vier Tagen am Ende.

Auch hier: Stress und Zeitdruck von der ersten bis zur letzten Minute. Keine fünf Minuten um zu verschnaufen. Am Donnerstag habe ich es bis 16.00 Uhr nicht geschafft, die gesamte Post wenigstens zu öffnen. Ununterbrochen klingelte das Telefon, Mitarbeiter hatten Fragen zu einzelnen Objekten, Lieferdienste wollten Unterschriften, im Kopierer war kein Papier mehr usw. usf. Mit letzter Kraft habe ich mich nach Hause geschleppt. Und ich fühlte mich hilflos und voller Verzweiflung. Schnell landete ich in einer Gedankenspirale, die sich rasant nach unten bewegte. „Ich werde nie wieder richtig arbeiten können. Niemand versteht mich, wenn ich versuche das zu erklären: keine Konzentration, mieses Gedächtnis, Angst vor Fehlern, neuen Kollegen, neuen Aufgaben, dem nächsten Tag."

Schnell wurde mir klar: Ich muss nochmal raus und zügig spazieren gehen. Nach einer halben Stunde Bewegung an der frischen Luft ging es mir gleich viel besser. Ich war stolz, dass ich eigenständig die Spirale unterbrochen hatte und zuversichtlicher zu Hause ankam.

Am Freitag fuhr ich vor der Arbeit zum Trainingszentrum, um mit meinem Betreuer zu sprechen. Unter vielen Tränen habe ich meine Situation geschildert. Zunächst versuchte er mir klar zu machen, dass es keine Niederlage sei, wenn ich jetzt den Praktikumsvertrag kündige. Die Anforderungen seien gegenwärtig zu hoch für mich. Nun gehe es darum, das in der Theorie geübte „Nein-Sagen" umzusetzen. Auf dem Weg zur Praktikumsfirma habe ich mir zahlreiche Sätze als Begründung für die Kündigung zurechtgelegt. Der wichtigste war: „Ich möchte meine Trainingsmaßnahme nicht gefährden." Obwohl zwei Mitarbeiterinnen der Wohnungsverwaltung mit Engelszungen auf mich einredeten, blieb ich standhaft. Ich habe den Schlüssel hingelegt und mich freundlich verabschiedet.

Nachdem ich die Tür geschlossen hatte, musste ich mir selbst gut zureden, dass ich richtig gehandelt habe. Es fiel mir schwer, das abgebrochene Praktikum nicht als Misserfolg zu sehen. So ist er nun mal: Der erste Arbeitsmarkt.

Im Dezember begann ich in einer mittelständischen Baufirma mein drittes Praktikum im Rahmen der beruflichen Reha. Meine Aufgabe war es, der Sekretärin zur Hand zu gehen. Ich verstand mich gut mit ihr, so dass ich gern auf Arbeit ging. Aber ich brauchte zwei Wochen, um die drei großen, kräftigen Bauleiter auseinander zu halten. Lange konnte ich sie nicht mit Namen ansprechen, weil ich unsicher war, mit wem ich sprach. Sind das immer noch Wahrnehmungsstörungen? Auch die schreckliche Unsicherheit beim Telefonieren war weiterhin da. Die Probleme reichten vom Stottern über das Verbinden mit dem falschen Mitarbeiter bis zum Vergessen der Nachfrage, mit wem ich gesprochen hatte. Und sowieso das arge Gedächtnis: „Frau Nürnberger, haben Sie das Fax an Firma Vetter gesendet?" Ich hatte keine Ahnung. „Frau Lissner wollte mir einen Terminvorschlag durchgeben. Hat sie angerufen?" Ich wusste es nicht, obwohl ich ständig am Platz war. Von meiner Kollegin musste ich mehrfach den Satz hören: „Judith, das habe ich dir doch schon zweimal erklärt." Solche Momente des Unvermögens haben mir schwer zugesetzt. Trotz all dieser Schwierigkeiten absolvierte ich mit aller Kraft, die ich zur Verfügung hatte, bis Weihnachten mein Praktikum.

Vielleicht schaffe ich es, im Anschluss an die berufliche Reha von der Baufirma übernommen zu werden!

2015

Ich durfte das Praktikum in der Baufirma bis zum Ende meiner beruflichen Reha fortsetzen. Und im Februar war es soweit: Ich erhielt von der Baufirma ein Jobangebot für 20 Stunden pro Woche und war überglücklich. Von meiner früheren Sicherheit im Arbeitsalltag war zwar noch nicht viel zurückgekehrt, aber mit der Zeit wird´s schon werden. So dachte ich damals.

Obwohl ich seit 1. März in der Baufirma arbeitete beschloss ich, einen Antrag auf Erwerbsminderungsrente zu stellen. Viele Stunden verbrachte ich am PC, schaltete ihn verzweifelt aus weil ich Fragen überhaupt nicht verstand, weinte, wenn ich in meinen Notizen nicht das fand, was ich suchte und überprüfte meine Angaben immer und immer wieder. Am 30. März war es dann soweit. Ich fuhr zur Rentenversicherung und gab den 17seitigen Antrag samt zahlreicher Anlagen persönlich ab. Von mir fiel eine zentnerschwere Last und ich fühlte Stolz in mir aufsteigen. Ich habe dieses Mammutprojekt allein bewältigt. Nun hieß es einfach, auf den Bescheid zu warten.

Die erhofften Leistungssteigerungen auf Arbeit blieben leider aus. Vergesslichkeit, Nervosität, Zerstreutheit bestimmten weiterhin meinen Arbeitsalltag. Trotzdem fühlte ich mich bei der kleinen Truppe wohl. Ich fuhr sooft es ging die knappe Stunde mit dem Rad zur Arbeit. Auf dem

Elbradweg fühlte ich mich sicher und außerdem tat ich etwas für meine in den letzten Jahren verloren gegangene Kondition.

Kurz vor Ablauf meiner Probezeit bat mich der Chef in sein Zimmer. Mir schwante schon nichts Gutes. Nur eine Frage blieb in meinem Gedächtnis hängen: „Frau Nürnberger, glauben Sie, dass sich ihr Arbeitstempo erhöhen wird?" „Das kann ich nicht garantieren. Ich weiß es nicht." war meine Antwort.

Einen Tag später bestätigte ich mit meiner Unterschrift den Empfang der Kündigung innerhalb der Probezeit. Und das war's dann wohl. Ich habe keinen Plan B.

Nachwort

Zur verbliebenen Restsymptomatik meiner Depressionen gehören leider immer noch Defizite in Konzentration und Gedächtnis. Auch kommt es mir vor, als könne ich nur noch langsamer, schwerfälliger denken. Dem Anschein nach werde ich diese Symptome genauso wie die Nebenwirkungen Schwitzen, Mundtrockenheit, Händezittern und gelegentliches Stottern nie mehr los. Ich kann aber mittlerweile damit leben. Seit Februar 2016 habe ich einen Minijob als Reinigungskraft. Zusammen mit einer kleinen Rente wegen voller Erwerbsminderung, die mittlerweile bis zu meinem Eintritt in die Altersrente im Jahr 2023 bewilligt wurde, kann ich mein recht zurückgezogenes Leben wie bisher weiterführen und bin stolz darauf, meinen Alltag zu meistern.

Ich bin nicht die Gleiche wie vor den depressiven Episoden. Es ist nicht mehr viel von der einst souveränen Bürodienstleisterin übrig geblieben. Aber ich habe viel über mich erfahren. Und ich bin froh, wieder Gefühle zu spüren: Freude, Wut, Dankbarkeit, Zuversicht, Neugier, Angst und vor allem Gelassenheit. Der Depression kommt in meinem gegenwärtigen Leben keine große Bedeutung zu. Andererseits werde ich nicht leichtsinnig und weiß, dass ich sehr achtsam sein muss. Der Zettel mit meinen Frühwarnzeichen hängt gut sichtbar an der Pinnwand.

Ich möchte mich bei all jenen bedanken, die mir bei der Umsetzung des Buchprojektes geholfen und mir immer wieder Mut zugesprochen haben. Namen möchte ich nicht nennen, da psychische Krankheiten weiterhin stigmatisiert werden und es in der Natur der Sache liegt, dass auch Depressionspatienten mein Manuskript gelesen und beurteilt haben.

Mein außerordentlicher Dank geht an Michael, von dem ich mittlerweile geschieden bin. Über Jahre hat er mich beim Kampf gegen die schwarzen Schmetterlinge unterstützt. Und dann doch irgendwie verloren, als ich mich von ihm trennte. Damit habe ich ihm sehr wehgetan. Ich weiß das. Trotzdem musste ich diesen schweren Schritt tun. Dessen ungeachtet kann ich mich bis heute auf ihn verlassen. Wenn er helfen kann tut er´s. Einfach so. Ich bin sehr froh, dass er eine neue Partnerin gefunden hat.

Dieses Buch schrieb ich vorwiegend für mich. Ich verarbeitete einen Ordner voller handschriftlicher Aufzeichnungen, die ich seit Jahren nicht gelesen hatte. Vielleicht ist es mir mit diesem Buch gelungen, die Krankheit mit dem ICD 10-Schlüssel F33.1 (Rezidivierende depressive Störung) an meinem ganz speziellen Fall zu beschreiben.

Anmerkungen der Autorin

Ich erlebte Gruppengespräche in denen zierliche junge Frauen genauso wie gestandene kräftige Männer bitterlich weinten. Ich sah viele Arme mit Schnittverletzungen – vernarbten oder ganz frischen. Ich hörte Patienten über das Leid erzählen, das ihnen als Kind zugefügt wurde. Und einmal wurde ich auf Station nachts wach, weil eine junge Frau schrie, fast wie ein Tier, kaum menschliches mehr in ihrer Stimme.
Über Depressionen wird hin und wieder berichtet, wenn ein Prominenter Suizid begangen hat. Die vielen anderen psychischen Krankheiten jedoch bleiben hinter den Mauern der Psychiatrien verborgen …

Die Ereignisse und Personen in diesem Buch sind real. Um aber die Privatsphäre besonders meiner Familie zu schützen habe ich für alle Personen Aliasnamen verwendet. Auch die Bezeichnungen der medizinischen Einrichtungen habe ich verändert.

Zeitfracht Medien GmbH
Ferdinand-Jühlke-Straße 7
99095 Erfurt, Deutschland
produktsicherheit@kolibri360.de